SANTIDAD, ¡AHORA!

Material usado, con autorización y agradecimiento especial a Schönstatt Verlag, Vallendar-Schönstatt, Alemania: *Werktagsheiligkeit, 1974; María, Mutter und Erzieherin*, 1973; *Oktoberbrief 1949*, 1970; *Zur sozialen Frage: Industriepädagogische Tagung*, 1990; y *Am Montagabend*, Vol 2, 1999.
Material usado también, con autorización y especial agradecimiento a: *Vorträge in der Schweiz, 1985*, Schoenstatt en Quarten, Suiza; *Familie, Dienst am Leben*, 1994, por Instituto de Familias de Schoenstatt, Vallendar-Schönstatt; *Recollections of Father Joseph Kentenich by Madison, Wisconsin Families and Single Women*, 1992, Movimiento de Schoenstatt de Madison, Wisconsin, USA; *Kindsein vor Gott*, 1979 y *Aus dem Glauben Leben*, Vol. 3, 1070, por Patris-Verlag, Vallendar-Schönstatt.

SANTIDAD, ¡AHORA!
Textos del P. José Kentenich

Editado por
P. Jonathan Niehaus

Título en inglés
Schoenstatt's Everyday Spirituality
Traducción al castellano: *Verónica Matta*

© **Editorial Nueva Patris S.A.**
José Manuel Infante 132
Teléfono: 235 1343 - Fax: 235 8674
Providencia, Santiago - Chile
E-mail: gerencia@patris.cl
www.patris.cl

Nº Inscripción: 147.401
ISBN: 978-956-246-289-1

1ª edición: Junio, 2005 / 2ª edición: Junio, 2006
3ª edición: Abril 2009 / 4ª edición: Enero 2010
5ª edición: Marzo 2011 / 6ª edición: Marzo 2012

Diagramación: Margarita Navarrete M.
Impresor: Dimacofi Servicios S.A.
Marzo, 2012
CHILE

P. José Kentenich

Santidad, ¡Ahora!

Editado por
P. Jonathan Niehaus

CONTENIDO

Observaciones generales ———————————————— 7

Introducción ——————————————————————— 11

PRIMERA PARTE
Santidad de la vida diaria
    CAPÍTULO 1
    ¿Qué es la santidad de la vida diaria?———— 31
    CAPÍTULO 2
    Vinculación a Dios ————————————— 41
    CAPÍTULO 3
    Vinculación al quehacer diario—————— 71
    CAPÍTULO 4
    Vinculación al prójimo ————————— 105

SEGUNDA PARTE
Santidad mariana de la vida diaria
    CAPÍTULO 5
    Santidad y heroísmo de la vida diaria———— 137
    CAPÍTULO 6
    Santidad mariana ————————————— 165

TERCERA PARTE
Textos complementarios
    CAPÍTULO 7
    Carencia de raíces del trabajador moderno———— 193
    CAPÍTULO 8
    Trabajo y santidad en medio del mundo———— 203
    CAPÍTULO 9
    Justicia social ——————————————— 215
    CAPÍTULO 10
    La oración y el santo de la vida diaria———— 225

Índice general ——————————————————— 239

OBSERVACIONES GENERALES

Las omisiones originales de los textos del P. Kentenich se señalan con tres puntos entre paréntesis (…), y las omisiones hechas por el editor se señalan con cuatro puntos en paréntesis (….).

Los paréntesis originales de los textos del P. Kentenich se señalan con dos paréntesis ( ). Las inserciones para ayudar a clarificar el texto de esta traducción se señalan con paréntesis cuadrados [ ]. La excepción a esta regla son las referencias bíblicas y comentarios agregados por el editor, que están siempre en paréntesis.

En la Primera Parte (extractos de la *Santidad de la Vida diaria*), los títulos y subtítulos en general se ciñen al original, aunque con algunos cambios para clarificar los puntos principales. Los demás títulos y subtítulos no son los originales, se han agregado a fin de dar mayor claridad al texto.

MEDITACIÓN SOBRE NAZARET

Tu Santuario es nuestro Nazaret,
donde el Sol de Cristo irradia su calor.

Con su luz clara y transparente
da forma a la historia de la Sagrada Familia;
y en la venturosa unión familiar
suscita una *santidad cotidiana*
fuerte y silenciosa.

Para bendición de tiempos desarraigados,
en este Nazaret
Dios trae salvación a las familias;
allí donde los hombres se consagran a Schoenstatt,
él quiere regalar con clemencia
santidad de la vida diaria.

Haz que Cristo
brille en nosotros con mayor claridad;
Madre, únenos en comunidad santa,
danos constante prontitud para el sacrificio
así como nos lo exige
nuestra santa misión.

El universo entero
con gozo glorifique al Padre,
le tribute honra y alabanza
por Cristo, con María
en el Espíritu Santo,
ahora y por los siglos de los siglos. Amén.

(P. José Kentenich, *Hacia el Padre,* 191-195)

INTRODUCCIÓN

1. ¿Qué es la santidad?

Hay muchas respuestas a esta pregunta: las cualidades típicas de un santo; vivir en estado de gracia; el proceso de llegar a ser «perfectos como vuestro Padre celestial es perfecto» (Mt 5,48). La santidad puede implicar una fe oculta o dones extraordinarios; una vida al servicio del ministerio público o de silenciosa caridad. Hay tantas formas de santidad como santos.

Pero las enseñanzas de la Iglesia no dejan lugar a duda respecto a un hecho esencial: *todos estamos llamados a la santidad. El Catecismo de la Iglesia Católica* acentúa este llamado con una cita clave de la Constitución Dogmática sobre la Iglesia, del Concilio Vaticano II:

«Todo cristiano, cualquiera sea su estado o el lugar que ocupe en el mundo, está llamado a la plenitud de la vida cristiana y a la perfección en la caridad»[1]. El *Catecismo* concluye diciendo: «Todos están llamados a la santidad»[2].

---

1   Concilio Vaticano II, (8 de diciembre, 1965), N° 40 § 2, citado en Catecismo de la Iglesia Católica (Ciudad del Vaticano, 1992), N° 2013.

2   *Catecismo de la Iglesia Católica,* N° 2013.

2. Santidad cotidiana y dilema moderno

Aunque la santidad es esencial a la vocación cristiana, con frecuencia se entiende mal. Muchos se dan por vencidos pensando que sólo está al alcance de unas pocas personas extraordinarias. Algunos nunca inician este camino pues creen que la santidad es para los débiles o para los tontos piadosos, por eso ponen su confianza en la «razón» y la «humanidad» o en los instintos y pasiones. Otros, incluso siendo miembros de la Iglesia, pareciera que nunca han oído hablar de ella pues se contentan con cumplir sus deberes del día domingo y rezar una o dos oraciones durante la semana. Estas personas no llegan a integrar el conocer, amar y servir a Dios en cada momento de la vida.

La vida diaria es la *arena* de la santidad. Entre las ollas y sartenes de la vida cotidiana se encuentra la tierra fértil de los tiempos y eventos que nos han sido dados para vivir en unión con Dios. Mientras más cultivemos la alianza con Dios en cada momento de nuestra vida, más real se nos hace su presencia y más capaces seremos de cumplir su voluntad. Según el Papa Juan Pablo II, la santidad «no consiste en realizar actos extraordinarios sino en vivir [la vida] ordinaria en forma extraordinaria, es decir, con todo el amor de que somos capaces».[3]

En el mundo actual, el mayor obstáculo que encuentra la santidad de la vida diaria es la ausencia de Dios en todo lo que pensamos y hacemos, tanto en el ámbito público como

---

3   Papa Juan Pablo II, noviembre 21, 2002, homilía pronunciada en la canonización de Guiseppe Marello, Paula Montal Fornes de San José de Calasanz, Leonie Francoise de Sales Aviat, y Maria Crescentia Hoss.

en la intimidad de nuestras vidas. El espíritu de los tiempos modernos «la modernidad» privilegia de tal modo el progreso y la prosperidad terrenales que ha dejado de considerar a Dios como parte significativa de la vida. Su imagen se ha vuelto tan pálida y remota que la alianza con Dios ya no ocupa un lugar importante en la vida de millones de personas. Dios ya no configura la moral, ni la enseñanza, ni la política, ni las artes. Se ha disociado fe y vida, dando lugar a una cultura secularizada cuya paleta sólo contiene colores humanos y cuya música sólo se toca con cuerdas humanas. De vez en cuando esta cultura expresa una cierta admiración por Dios, pero que suena hueca, poco creíble.

3. El desafío de reincorporar a Dios a nuestra vida cotidiana

Podría pensarse que, dado los tiempos que vivimos, la mera supervivencia de la santidad cristiana es ya un gran logro. Sin embargo, el llamado del Evangelio es incomparablemente superior: estamos llamados a *evangelizar nuestro mundo y nuestra cultura*. Esto significa que la primera tarea de la santidad de la vida diaria es descubrir nuevas formas de relacionar fe y vida, Dios y mundo, gracia y naturaleza.

Esta es la misión que Schoenstatt ha asumido desde sus orígenes. Como movimiento católico llamado a generar una profunda renovación en la Iglesia y en el mundo, su espiritualidad siempre ha dado gran importancia a la santidad de la vida diaria, es decir, a llevar la fe de la teoría a la práctica; a vivir la alianza con Dios en forma concreta en la vida ordinaria de todos los días.

Detrás de todo esto hay un principio evangélico: mi vida no es producto del destino, de la casualidad o de decisiones personales, sino que es guiada directamente por un Dios que me ama y me cuida (ver Mt 6). Él me ha dado una voluntad libre. Él me sostiene, me guía e incluso se empeña en «ganarme» para su amor. No es un Dios indiferente, por el contrario, tiene un interés *apasionado* (si esto puede decirse de Dios) en mi respuesta: en si diré «sí» a su alianza y así poder tenerme para siempre con él en el cielo.

En este sentido, la santidad de la vida diaria es «realismo cristiano». Considera la vida como lo que realmente es: *comunión con Dios*. Tiene una actitud optimista, pero no ciega; tampoco sufre ese oscuro pesimismo que encontramos en algunos ambientes existencialistas. Reconoce tanto la grandeza humana elevada por Dios como la bajeza humana del pecado, y las pone en la adecuada perspectiva del amor a Dios. Como afirma san Pablo: «Dios ordena todas las cosas para bien de los que le aman» (Rm 8, 28). En uno de sus escritos, el P. José Kentenich (fundador de Schoenstatt) afirmó que:

Consideramos nuestro deber honrar a Dios en todas partes, proclamar su poderosa acción en los acontecimientos de nuestro tiempo, de nuestra familia y de nuestra vida personal. No somos de aquellos que conocen la existencia de Dios pero no creen que él se preocupe de las cosas de este mundo, que ningún cabello de nuestra cabeza cae sin que él lo sepa. Ellos quieren relegar al reino de las fábulas y leyendas la confianza filial y el desposorio consciente de la debilidad humana con la

Omnipotencia divina. O desprestigiarlos, etiquetarlos como supersticiones o creencias de necios...

Pisamos con ambos pies en la tierra de Dios y estamos unidos a él con cada fibra de nuestro ser, aun cuando no esperamos que intervenga directamente y se haga cargo de cada detalle [de nuestras vidas].

Vivimos el espíritu de la Iglesia uniendo una visión sobrenatural de la vida inspirada en el amor, con un santo y razonable equilibrio: luchamos por alcanzar este ideal, la santidad de la vida diaria animada por la fe en la divina Providencia.[4]

4. La santidad de la vida diaria y los orígenes de Schoenstatt

En Schoenstatt, la santidad de la vida diaria tiene sus raíces en los inicios de su historia. En efecto, la integración de fe y vida diaria ya está presente en los tiempos de pre-fundación (1912-1914)[5]. El programa que propuso el padre fundador en el «Acta de Prefundación», el 27 de octubre de 1912, marca la tónica:

Bajo la protección de María, queremos aprender a educarnos para llegar a ser personalidades firmes, libres y sacerdotales.[6]

---

4   P. José Kentenich, *Hochschulkurs,* Estudio escrito por el P. Adelbert Turowski, diciembre 1952, manuscrito p. 3 (87).

5   Para otros detalles, ver P. Jonathan Niehaus, *New Vision and Life: The Founding of Schoenstatt* (Waukesha, 1986).

6   Acta de Prefundación, 27 de octubre de 1912 en *Documentos de Schoenstatt,* p. 18.

La palabra «sacerdotal», en particular, indica integración de fe y vida, pues así como la misión del sacerdote es tender un puente entre Dios y el hombre, la misión de todo cristiano es tender un puente entre la fe y la vida diaria[7]. Y el acento en la autoeducación indica que la teoría es inútil a menos que la fe se aterrice y se traduzca en la realización del ideal cristiano.

Con el tiempo, los jóvenes de la generación fundadora se dieron cuenta de que la autoeducación no bastaba, y así lo señaló, años más tarde, el P. Kentenich:

> Mientras más martillábamos y cincelábamos en el taller de la autoeducación, más fuertemente experimentábamos las limitaciones y precariedad de nuestras iniciativas, y con más fuerza anhelábamos las manos formadoras de aquella [de María] que Dios había previsto como la educadora de la raza humana, y a quién él desea confiar especialmente nuestros tiempos modernos.[8]

Este anhelo está en el trasfondo de la fundación de Schoenstatt, el 18 de octubre de 1914. La fundación proponía una «aceleración del desarrollo de nuestra *propia santificación*». ¿Cómo? Poniendo los esfuerzos de las personas por lograr la santidad a disposición de la Santísima Virgen, unidos a la súplica de que ella transformase «esta capilla en un lugar de peregrinación».[9] Así lo expresó el P. Kentenich en ese histórico momento:

---

7   Ver, por ejemplo, el uso que hace el P. Kentenich de la palabra «sacerdotal» en «vinculación sacerdotal a las cosas», Capítulo Tres (p. 62 s).

8   *Hochschulkurs*, 1952, manuscrito p. 10 (119).

9   *Documentos de Schoenstatt*, p. 62.

Mi exigencia se refiere a algo incomparablemente superior: cada uno de nosotros ha de alcanzar el mayor grado posible de *perfección y santidad, según su estado de vida* (....) Tal como para nuestro segundo patrono, san Luis Gonzaga, una capilla de la Santísima Virgen en Florencia fue el origen de su santidad, esta capilla de nuestra Congregación será para nosotros cuna de nuestra *santidad.* Y esta santidad hará suave violencia en nuestra Madre celestial y la hará descender hasta nosotros. (....)

"Según el plan de la divina Providencia, la gran guerra mundial, con sus poderosos impulsos, debe ser un medio extraordinariamente provechoso para ustedes en la obra de su propia *santificación.* Es esta *santificación* la que exijo de ustedes. Ella es la coraza que tienen que ponerse, la espada con que deben luchar para la consecución de sus deseos. Tráiganme con frecuencia contribuciones al capital de gracias. Adquieran, mediante el fiel y fidelísimo cumplimiento del deber y por una intensa vida de oración, muchos méritos, y pónganlos a mi disposición. Entonces, con gusto me estableceré en medio de ustedes y distribuiré abundantes dones y gracias. Entonces, desde aquí, atraeré los corazones jóvenes hacia mí, y los educaré como instrumentos aptos en mi mano.[10]

En los años que siguieron, esta propuesta se hizo realidad en la lucha por la santidad, primero en la vida de de-

---

10 *Documentos de Schoenstatt,* p. 65.

cenas y luego en la de cientos, de miles y cientos de miles de personas.

5. La santidad de la vida diaria en el contexto de Schoenstatt

Con el paso de los años se hizo cada vez más clara la importancia central de la santidad de la vida diaria en la espiritualidad de Schoenstatt. En su calidad de fundador, el P. Kentenich dio voz a esta aspiración al incluirla en las tres dimensiones de la espiritualidad del Movimiento:

Espiritualidad de alianza - Espiritualidad del instrumento - Santidad de la vida diaria.

El P. Kentenich alentó a los schoenstattianos a seguir el camino de una «santidad moderna», es decir, llegar a ser «santos necesarios para nuestros tiempos»[11]; santos a la vez profundamente religiosos y totalmente naturales. Como le gustaba decir al P. Kentenich, «la persona más sobrenatural debe ser también la más natural». El santo de la vida diaria, por tanto, no es una persona triste, anticuada o lejana. Como decía san Francisco de Sales, «un santo triste es un triste santo». Tampoco se define por tener visiones o realizar actos extraordinarios, sino que vive de acuerdo a su estado y cumple sus deberes inspirado en el lema: «Hacer lo ordinario en forma extraordinaria».

Pareciera que el P. Kentenich usó por primera vez la expresión *santidad de la vida diaria*[12] en 1932, año en que

---

11 Ver Alexander Menningen, *Joseph Engling* (Waukesha, 1998), p. 44 ss.

12 En alemán: *Werktagsheiligkeit;* a veces también se encuentra esta expresión traducida como «santidad del día de trabajo».

predicó el retiro *Santidad sacerdotal de la vida diaria,* para sacerdotes (3 al 13 de agosto de 1932, el que repitió en un ciclo de retiros en los años 1932-1933). En este retiro expuso los principales elementos de la espiritualidad de Schoenstatt desde la perspectiva de la santidad. Fue el primer intento por entregar una visión de conjunto de la ascética schoenstattiana. Este curso también se dio en forma adaptada a la joven comunidad de las Hermanas de María de Schoenstatt, fundada en 1926.

Como el Movimiento creció significativamente en los años 1930, se hizo necesario poner por escrito los principales elementos de la espiritualidad de Schoenstatt. Uno de los frutos del ciclo de retiros de 1932-33 fue el libro basado en ese retiro, tarea que el P. Kentenich encargó a la Hna. M. Annette Nailis, de las Hermanas de María. Fue éste un proyecto mamut que demoró cuatro años en completarse[13]. La primera edición se publicó en Alemania, en 1937, con el título *Santificación de la vida diaria.* Desde entonces, ha sido editado innumerables veces y traducido a varios idiomas.

Mucho podría decirse acerca de este libro y de su impacto. Uno de los comentarios más interesantes acerca de su importancia proviene del mismo P. Kentenich, quien, en 1956, señaló en una carta que el libro *Santificación de la vida diaria* era esencialmente un manual condensado:

Desde un comienzo se concibió la *Santificación de la Vida Diaria* como un libro que abarcaría dimensiones

---

13 Este proyecto no se podría haber terminado si el P. Kentenich no hubiese trabajado en gran parte de él. Por ejemplo, sus conversaciones de la Tercera Parte (Vinculación al prójimo, 1932 a 1933) estaban tan resumidas (debido a la falta de tiempo), que él mismo tuvo que escribir esta parte para poder completar el libro.

fundamentales [de la espiritualidad de Schoenstatt]. Esto explica su tono y estructura. Por esto, enfoca principalmente los puntos de referencia fundamentales (....) en el orden natural y en el orden de la gracia. Los describe cuidadosamente, y da sólo una breve descripción de sus interrelaciones.

Se pensó que serviría de base a publicaciones posteriores sobre estudios especiales [escritos] para uso de la familia (....). Se necesitaría [uno] sobre el Ideal Personal, otros sobre nuestro estilo de Examen Particular, sobre la humildad y caminos hacia la humildad, la obediencia y estilo de obediencia, la pureza y la prudencia. Podría seguir y seguir enumerando temas. En todo caso, su fundamento serían los principios dados en la *Santificación de la Vida Diaria*. De ellos habría de emerger gradualmente una colección de material unificada y sólida, junto a una forma coherente de pensar y de vivir; una base firme que nos ayudaría a atravesar con seguridad las tormentas de nuestros tiempos modernos.[14]

6. Definiciones de santidad de la vida diaria

Para ayudarnos a captar qué se entiende por santidad de la vida diaria, vale la pena hacer una breve revisión de las principales definiciones elaboradas por el P. Kentenich. Si bien no podemos entregar aquí una lista exhaustiva, la siguiente selección nos ayudará a visualizar la riqueza de las diversas dimensiones captadas en estas definiciones.

---

14 Carta al P. Menningen, 20 de marzo de 1956, p. 34 s. (317).

Para empezar, santidad de la vida diaria significa:

Definición 1:

Ordinaria-extraordinarie: **hacer las cosas ordinarias extraordinariamente bien por amor a Dios.**[15]

Y (como corolario):

Definición 2:

Realizar nuestros deberes de estado tan perfectamente como nos sea posible, en virtud de un generoso amor a Dios.[16]

Estas definiciones acentúan lo ordinario de la santidad de la vida diaria. Si soy estudiante, me haré santo cumpliendo con mis deberes de estudiante; si soy un albañil, lo haré como albañil; si soy un profesor, como profesor. Asimismo, si soy casado, llegaré a ser santo cumpliendo con mis deberes de esposo y de padre; si soy sacerdote, cumpliendo con mis deberes sacerdotales, etc.

La clave para transformar estas cosas ordinarias en camino a la santidad *es hacerlas por amor a Dios.* Éste es el secreto para unir la fe con los aspectos más básicos de la vida. Si Dios es tan real y personal para mí que puedo hacerlo todo *por él,* entonces todo se vuelve camino de santidad[17]. En la experiencia de Schoenstatt, este amor a Dios está especialmente anclado en una *fe práctica en la divina Providencia y en una profunda y eficaz alianza de amor con María.*

---

15 Ver, por ejemplo, A. Menningen, *José Engling,* p. 46.

16 Ver codificación de este punto en los Estatutos de la Federación Apostólica elaborados en 1919. *New Vision and Life,* p. 179. Comparar también con «*El pequeño camino a la santidad*», de santa Teresita de Lisieux.

17 En *Oktoberwoche 1966* (Semana de Octubre 1966, *Propheta locutus est,* Vol 11, p. 47), el P. Kentenich se refiere a la santidad de la vida diaria como «*la sacramentali-*

Una tercera definición ilumina el significado social de la santidad de la vida diaria:

Definición 3:

La santidad de la vida diaria es auténtico servicio a la persona y a la sociedad, es decir, es auténtico humanismo cristiano.

La vida diaria vivida en unión con Dios no solamente nos enriquece en el plano sobrenatural sino que también eleva la condición humana. El P. Kentenich decía que la santidad de la vida diaria es un estilo de vida y una visión del mundo que tiene su equivalente en el «humanismo cristiano»[18]. Como forma de vida, la santidad ennoblece al ser humano y le permite realizar su verdadera vocación. Hay otras formas de «humanismo» que pretenden satisfacer los auténticos intereses de la condición humana, pero ¿cómo pueden lograrlo si son ciegos e incluso hostiles a la naturaleza divina del hombre y su destino? ¡Cuánto más efectivo podría ser el humanismo si tomase en cuenta el anhelo más profundo del ser humano: su ansia de Dios! Como el P. Kentenich afirmaba en 1967:

> ¿Qué es la santidad de la vida diaria? El día de trabajo, todo el día de trabajo y la persona humana en su

dad del momento». Éste es precisamente el punto central del clásico *Abandono en la divina Providencia,* de Jean-Pierre Caussade (1675-1751), para quién no hay mayor santidad que vivir momento a momento haciendo sólo las cosas que Dios nos pone en el camino.

18 Corresponde al mismo concepto que se encuentra en los escritos de san Francisco de Sales (1567-1622). Ver J. Kentenich, *Der neue Mensch in Jesu und Maria* (1941), donde el P. Kentenich llama *«humanista cristiano»* al santo de la vida diaria; citado en H. King, *Joseph Kentenich: Ein Durchblick in Texten,* Vol 1 (Vallendar-Schoenstatt, 1998), p. 37s.

totalidad deben estar íntegramente conformados y moldeados, desde su interior, por la realidad total y profunda de la fe».[19]

Esta visión es tan profunda que vale la pena ponerla aparte como una cuarta definición:

Definición 4:
Santidad de la vida diaria es la conformación total de la persona humana y cada aspecto de la vida humana, por la fe.

Esto da a la fe la vitalidad necesaria para penetrar y transformar nuestra vida, familia, sociedad y cultura, uniéndolas a Dios. En este sentido, el P. Kentenich equipara esta definición con otra expresión clave de su vocabulario: el «vivir orgánico».

La definición final es la más detallada, tiene el lugar de honor en la lista elaborada por el P. Kentenich y es la definición en torno a la cual se desarrolla el libro *Santificación de la vida diaria:*

Definición 5:
Santidad de la vida diaria es la armonía agradable a Dios entre la vinculación hondamente afectiva a él, al trabajo y al prójimo, en cada circunstancia de la vida.

---

19 Plática dada en la recepción de las Hermanas de María de Schoenstatt, 5 de marzo de 1967, *Propheta locutus est,* Vol. 14, p. 140. Ver también *Krönung Mariens (Semana de Coronación,* 1946, Vallendar-Schoenstatt 1977, p. 136).

Lo genial de esta definición es la amplitud de su espectro. Abarca todas las realidades de nuestra vida: a Dios, al trabajo[20] y al prójimo. Incluye todo nuestro tiempo y todas nuestras actividades, no sólo los días domingo, las actividades religiosas o los lugares y tiempos específicamente católicos. Pues lo que en realidad nos mueve, transforma y eleva es nuestra capacidad de participar con todo nuestro ser —comprometidos, entusiastas, convencidos y convincentes— , con todas nuestras facultades y con todo el corazón en el «juego del amor». Esta definición se verá más detalladamente en la Primera Parte de este libro.

7. Acerca de este libro

Como vimos anteriormente, el P. Kentenich considera que el libro *Santificación de la vida diaria* abarca dimensiones fundamentales de la espiritualidad de Schoenstatt. El propósito del presente libro, *Santidad, ¡Ahora!,* es hacerlas más accesibles a las personas que deseen conocerlas en mayor detalle.

Éste es el tercer y último volumen de una trilogía que versa sobre la espiritualidad de Schoenstatt.[21] Tal como los dos primeros, su objetivo es iluminar un aspecto central de la vida de Schoenstatt. Se basa en un material de amplio espectro proveniente de escritos, charlas y retiros dados por el

---

20 Para el P. Kentenich, el término más amplio de «trabajo» (en alemán: Werk) incluye el trabajo (Arbeit), todas las cosas creadas y el sufrimiento; por tanto, la vida se conforma de todo lo que hacemos y de todas nuestras interacciones. Ver Capítulo 3.

21 Los dos primeros son *Schoenstatt's Covenant Spirituality* (Waukesha, 1992) y *Schoenstatt's Instrument Spirituality* (Waukesha, 1995).

P. Kentenich, y su objetivo es entregar una visión clara de lo que él entendía por santidad de la vida diaria.

Consta de cuatro partes principales:

Primera Parte: Empezamos con una mirada breve y condensada a la *Santificación de la vida diaria.* Esperamos que esta versión más sencilla ayude a percibir las conexiones internas y los temas globales, revelando así la gran riqueza y originalidad de esta visión que, como señalamos anteriormente, el P. Kentenich expuso en el año 1937. Esperamos que también sirva para despertar el deseo de leer la versión original, tal como sucede a un minero que cava las profundidades de la tierra para buscar oro y piedras preciosas.

Segunda Parte: Versa sobre la *Santidad mariana de la vida diaria* y proviene de un retiro de fin de semana que el P. Kentenich dio en Suiza, en 1939. Su acercamiento al tema es más simple y concreto que el de la *Santificación de la vida diaria;* las charlas tratan asuntos tales como el heroísmo, la mujer y la santidad de la vida diaria, etc. También nos muestra esa dimensión mariana tan característica de Schoenstatt, y su anhelo de vivir la santidad de la vida diaria inspirada por la alianza de amor con la Madre de Dios.

Tercera Parte: Esta parte contiene temas complementarios que redondean el material de la Primera y Segunda Parte. El capítulo cuarto se refiere al significado de la santidad de la vida diaria en el mundo del trabajo, la justicia social y la oración.

Por supuesto, para que la santidad de la vida diaria florezca, hay que poner en práctica las palabras. Ojalá esta colección de textos aliente al lector en su crecimiento espiritual y lo ayude a encontrar formas prácticas de vivir el Evangelio y el llamado a la santidad, dondequiera que Dios lo haya puesto.

P. Jonathan Niehaus
19 de marzo del 2003
Fiesta de san José

PRIMERA PARTE

Santidad de la vida diaria

INTRODUCCIÓN
A LA PRIMERA PARTE

La primera parte de este libro es un resumen del clásico libro de Schoenstatt, *Santificación de la Vida diaria,* y proporciona una amplia visión de los principales temas que el P. Kentenich relacionaba con la santidad de la vida diaria: vinculación con Dios, con el trabajo y con el prójimo.

Origen del libro Santificación de la vida diaria

El libro *Santificación de la vida diaria* surgió de un curso para las Hermanas de María de Schoenstatt dado por el P. José Kentenich en agosto de 1932. La joven comunidad (fundada en 1926) y el Movimiento de Schoenstatt (fundado en 1914) estaban aún procesando y articulando su propia espiritualidad. Este curso fue un paso clave para captar aquello de original que había en la espiritualidad de Schoenstatt.

Para una mayor difusión, se encomendó a una de los miembros fundadores de las Hermanas de María, la Hna. M. Annette Nailis, la tarea de transformar en libro el curso de 1932. Ella trabajó en estrecho contacto con el P. Kentenich, quien escribió la Tercera Parte (Vinculación al prójimo) y corrigió muchas de sus propias expresiones.

El libro, publicado en 1937, inmediatamente se transformó en un clásico de Schoenstatt. Durante su vida, el P. Kentenich lo citaba frecuentemente, enfatizando su valor como auténtico compendio de la espiritualidad de Schoenstatt.

Comentarios a la presente edición

En esta selección condensada, a menudo se explican algunos términos y definiciones con mayor detenimiento que en el original. Además, se han agregado o adaptado subtítulos para dar mayor claridad al texto.

Capítulo 1

¿QUÉ ES LA SANTIDAD DE LA VIDA DIARIA?

Empezaremos por la Introducción a la *Santificación de la vida diaria*[1]. En ella, la santidad de la vida diaria se define primero por lo que no es («Santidad del día domingo», «se habla pero no se actúa») y enseguida por lo que es:

> «La santidad de la vida diaria es la armonía agradable a Dios entre la vinculación hondamente afectiva a él, al trabajo y al prójimo en todas las circunstancias de la vida».

El resto de la introducción se refiere a la urgente necesidad que el mundo actual tiene de la santidad de la vida diaria, y también a sus principales obstáculos: el naturalismo (la vida considerada sólo en su dimensión natural) y el colectivismo (pérdida de la identidad personal en el intento por adaptarse a la sociedad-masa). Por tanto, la definición sirve de base al esquema general del libro.

---

1 M. A. Nailis, *Werktagsheiligkeit* (Vallendar-Schönstatt, 1978; primera edición 1937), p 13-17.

I.   Definición

La santidad de la vida diaria no es la santidad del día domingo, que se vive sólo el día en que repican las campanas de la iglesia y los fieles acuden a misa con sus mejores trajes domingueros. No, es la santidad de los otros seis días de la semana, de los días sin pompa ni fiesta, dedicados al trabajo común y corriente. Es entonces cuando el santo de la vida diaria sacraliza la vida cotidiana al vivirla santamente, imprimiendo el sello de la santidad en todo lo que hace: en sus alegrías y penas, en el trabajo y en el descanso, en la oración y en la conversación, en sus idas y venidas. Todo lo hace extraordinariamente bien y por amor, es decir, santamente.

Los santos de la vida diaria ven, aman y viven la realidad natural y la sobrenatural como una unidad, como un gran organismo viviente. Para ellos, la realidad natural es la base y fundamento de la realidad sobrenatural, y todas las personas y cosas creadas lo conducen hacia el cielo. La naturaleza es un puente y una señal que indica hacia Dios, y cuando Dios manifiesta su voluntad, inmediatamente actúan de acuerdo a ella. Siempre que observan algo o ante cualquier experiencia que les toca vivir, alzan los ojos al cielo y preguntan a Dios qué quiere decir con eso. Para ellos, el conocer, el amar y el vivir están siempre inextricablemente entretejidos. Son verdaderos artistas y maestros de la vida, preciosos regalos de Dios al mundo actual. Lo que Meister Eckhart afirmó respecto de su tiempo es quizás aun más válido para nuestros días: «Es mejor un maestro de la vida que mil maestros de las letras». Y el santo de la vida diaria lo sabe.

El santo de la vida diaria sigue el consejo que un bufón de la corte dio a un grupo de intelectuales, quienes solían dar vueltas y vueltas a todos los temas imaginables. Un día, armándose de coraje, les preguntó: «¿Qué es mejor, conocer lo que no se sabe o primero hacer lo que ya se sabe?» Después de una larga discusión, concluyeron que «es mejor hacer primero lo que uno sabe porque después será más fácil aprender lo que uno no sabe». Entonces, el bufón se inclinó ante ellos y les dijo: «Por lo tanto, señores, ahora ya saben lo que deben hacer.»

Los santos de la vida diaria tratan de seguir este consejo. Saben y aprecian las palabras de la Sagrada Escritura: «Aquel que *obra* la verdad, entra en la luz» (Jn 3, 21) y «no todo el que dice Señor, Señor, entra en el reino de los cielos sino aquel que *hace* la voluntad de mi Padre celestial» (Mt 7, 21) o «Yo siempre *hago* lo que complace a mi Padre» (Jn 8, 29). Se aseguran de que sus conocimientos y habilidades no se hagan infecundos al estar separados de la vida; que su inteligencia no se desarrolle a expensas de su corazón y de su voluntad. Esto mismo sucede en la naturaleza: un organismo sano debe desarrollarse íntegramente, en todas sus partes. Por ejemplo, a ningún agricultor le gustaría que sus árboles frutales tuviesen un gran tronco, un rico follaje y hasta flores, pero que no dieran frutos.

Esto explica que la santidad de la vida diaria se haya definido como:

La armonía agradable a Dios entre la vinculación hondamente afectiva a él, al trabajo y al prójimo, en cada circunstancia de la vida.

II. Por qué la santidad de la vida diaria se hace tan urgente en los tiempos actuales

Toda persona consciente de la realidad de nuestro tiempo sabe con cuánta urgencia se necesita este tipo de santidad. De hecho, así lo afirman muchas tendencias modernas, tanto dentro como fuera de la Iglesia. Es el camino más adecuado para resolver la crisis de nuestro tiempo.

¿Y cuáles son estas tendencias en la *vida católica* actual?

1. La importancia de modelos cristianos

El católico moderno necesita ejemplos vivos de fe cristiana. Los ejemplos cristianos son hoy la «Biblia» más valiosa. De ahí el creciente interés en las biografías de los santos. No se busca a Dios solamente en el cielo y en el tabernáculo sino también, y especialmente, en las personas.

Al oír hablar acerca de la vida y trabajo del Cura de Ars, y de las muchas personas que iban a verlo, un grupo de mordaces intelectuales de París decidió enviar a uno de ellos con la «misión de investigar», es decir, de juntar material para sus burlas. Pero cuando éste regresó, extrañamente tranquilo y pensativo, silenció sus preguntas y sarcasmos diciéndoles: «¡Silencio! ¡He visto a Dios en un hombre!»

Esto es lo que anhela el hombre de hoy: ver a Dios encarnado, encontrar una santidad vivida. La santidad de la vida diaria responde claramente a este anhelo.

2. El justo equilibrio entre la actividad de Dios y la nuestra

Pero la santidad de la vida diaria también requiere *un justo equilibrio entre la dependencia de Dios y la dependencia de sí mismo,* equilibrio que se ha visto profundamente afectado por las crisis culturales de nuestra época.

Tanquerey[2] define la santidad como «la participación en la vida divina, que nos confiere el Espíritu Santo que mora en nosotros, por los méritos de Jesucristo, y que hemos de proteger contra las inclinaciones destructivas». Es Dios quien nos hace santos, pero no sin nuestra cooperación. Por tanto, debe existir una interacción armónica entre la participación de Dios y la nuestra.

Recibimos la vida divina a través de Cristo. Él nos mereció las gracias de la redención, y nosotros las acogemos al permanecer tan íntimamente unidos a él como el sarmiento a la vid. Él mismo es un ejemplo atrayente y motivador de la verdadera santidad. Nunca debemos olvidar que el papel que Dios juega en nuestra santidad es el más importante.

Pero aun cuando nuestra actividad sea secundaria, es indispensable. Sin ella no puede existir verdadera santidad. Nosotros debemos defender la vida divina, aumentarla y hacerla fecunda, porque enfrenta la amenaza de numerosos y poderosos enemigos: los que están fuera de nosotros, y que son el demonio y el espíritu del mundo; y los enemigos que están dentro de nosotros: la ambición, la búsqueda del placer y del poder. Nuestra defensa contra todos estos enemigos

---

2   P. Aldolphe Tanquerey (1854-1932), teólogo católico francés; ver *The Espiritual Life* [La vida espiritual] (1923), N° 91.

consiste en la práctica, iluminada y efectiva, de la negación de nosotros mismos. Pero también debemos aumentar la vida divina que habita en nosotros mediante las buenas obras y la recepción de los santos sacramentos. Y esta vida se hace fecunda cuando cooperamos en el apostolado, extendiendo el reino de Dios y llevando bendiciones a los demás. Dios espera nuestra cooperación. De hecho, él se complace en ella tanto como una madre cuando su hijo pequeño la ayuda a llevar un canasto pesado, aunque la cooperación del niño sea muy pequeña.

La auténtica santidad de la vida diaria sabe distinguir muy bien el papel principal del secundario. Según las necesidades y las circunstancias, algunas veces el maestro de la santidad de la vida diaria acentuará más la dependencia de Dios y otras, la propia actividad.

3. Adecuada relación con la liturgia y el Cuerpo Místico

Una adecuada relación con la liturgia nos ayuda a evitar que la *piedad litúrgica* se convierta en algo demasiado etéreo. Después de todo, su fin es conducirnos al Padre, por Cristo, en el Espíritu Santo. Su objetivo debe ser, por sobre todo, desarrollar una actitud cristiana que toque la vida. Ha de ayudar a la persona, como dice Guardini, a «ponerse frente a Dios en el orden justo y esencial, a fin de alcanzar la actitud correcta en la adoración, en el culto tributado a Dios, en la fe y el amor, en el espíritu de penitencia y sacrificio. Por consiguiente, cuando deba actuar, lo hará adecuadamente de acuerdo a la actitud que haya alcanzado».[3]

---

3   Romano Guardini (1885-1968), teólogo católico alemán que tuvo mucha influencia en el movimiento litúrgico del siglo XX.

La santidad de la vida diaria asegura que esta misteriosa relación con Cristo se traduzca en actitudes y acciones prácticas. Para el santo de la vida diaria, la relación con Cristo es un constante impulso para asemejarse a él en la vida cotidiana, puesto que ser miembro de su Cuerpo místico significa participar no sólo en su vida transfigurada sino también en sus sufrimientos y en su muerte. Todos los días, en la santa Misa, el santo de la vida diaria sube con Cristo al madero de la cruz; cada día lucha en las pequeñas cosas para alcanzar el ideal de una personalidad moral y espiritual totalmente animada y penetrada por Dios. Por eso, todos los católicos están llamados a la santidad cotidiana.

4. Principales obstáculos: el naturalismo y el colectivismo

Pero ¿qué pasa con aquellos que, debido a la crisis de nuestro tiempo, caen en el naturalismo o el colectivismo?

Todas las crisis de nuestro tiempo tienen su origen en una de estas dos corrientes principales.

En su forma filosófica, el *naturalismo* trata de reducir todo lo que es y lo que acontece a la naturaleza y a la causalidad natural. Niega toda realidad sobrenatural y sustituye la gracia por la naturaleza. En su visión, el hombre debiera ser capaz de redimirse a sí mismo. Pero la *des-divinización* siempre lleva a la deshumanización, porque la gracia protege y sana la naturaleza. Si nada en el hombre es divino y sobrenatural, pronto nos transformamos en máquinas sin almas. Por eso, la vida sin Dios pronto se hace insoportable. Los filósofos modernos comparan certeramente al hombre moderno sin Dios con un lobo hambriento cuyos alaridos de hambre de Dios resuenan en todo el mundo; en la noche aúlla desesperadamente ante la tumba de ese Dios que él mismo ha asesinado[4].

Con frecuencia, en los cristianos tibios encontramos rasgos de naturalismo. Probablemente no nieguen ni al Dios Trino de la revelación ni su actividad sobrenatural en el hombre; sin embargo, ya no creen que él tenga mayor influencia en sus personas o en sus vidas. Su vida cotidiana ya no es sagrada; es fría e incapaz de inspirar vida porque ha perdido todo contacto vital con Dios.

La santidad de la vida diaria pone a Dios en el centro de la vida cotidiana y lo adora dondequiera que lo descubra, incluyendo a nuestros hermanos y hermanas y a toda la creación.

El *colectivismo* es una herejía antropológica, una falsa doctrina acerca del hombre. No sólo separa al hombre de lo sobrenatural (tal como el naturalismo) sino que, además, socava las bases mismas de la naturaleza humana al cortar despiadadamente los lazos que, de acuerdo a la ley natural, se establecen con la familia y el hogar. Produce el tipo de persona radical y absolutamente desarraigada que llamamos el *hombre-masa:* un ser des-divinizado, desmoralizado y despersonalizado.

El santo de la vida diaria quiere y puede derrotar el colectivismo desde dentro, porque a este desarraigo desnatu-

---

4   Ver a los escritores alemanes Herman Hesse (1877-1962) y Friedrich Willhelm Nietzche (1844-1900), citados por el P. Kentenich en *Priesterliche Werktagsheiligkeit* (Retiro para sacerdotes, agosto de 1932, manuscrito), p, 13.

ralizado y total opone una vinculación profunda con Dios, con el trabajo y el prójimo.

Quien tenga oídos para oír y ojos para ver, necesariamente concluirá que en nuestra época, a pesar de las crisis que afectan nuestra vida diaria, existe un gran anhelo de santidad cotidiana y un reconocimiento de que ella constituye un poderoso remedio para la crisis de nuestro tiempo.

III. Tres aspectos principales de la santidad de la vida diaria

En la vida práctica, la santidad de la vida diaria debe ser considerada y vivida como un todo orgánico. Sin embargo, para *explicarla* mejor conviene separar lo que va unido a fin de visualizar más claramente y vivir más eficazmente sus distintos aspectos.

Hemos distinguido tres aspectos fundamentales de la santidad de la vida diaria:

- la vinculación con Dios,
- la vinculación al trabajo,
- la vinculación al prójimo.

Capítulo 2
VINCULACIÓN A DIOS

La vinculación con Dios es la línea central de la Primera Parte de la *Santificación de la Vida diaria*[1]. La exposición comienza con una clarificación de los términos de la definición central de santidad de la vida diaria (agradable a Dios, armoniosa, hondamente afectiva, en toda circunstancia).

Luego nos muestra:

1. Cómo Dios se vincula con el hombre, como Trinidad y a través de Cristo, y
2. cómo nosotros nos vinculamos a Dios. El punto central es cómo se refleja el amor: el amor de Dios por nosotros y el crecimiento de nuestro amor a Dios.

Los textos presentados en este capítulo omiten muchos detalles (que aparecen en las traducciones existentes de la *Santificación de la vida diaria*), pero en cambio se centran en:

1. Características de la vinculación a Dios (clarificación de términos) y
2. Formas de cultivar la vinculación a Dios (se han se-

---

1   *Werktagsheiligkeit* (1978), p. 19, (I) 19-23, (II) 25 s, 29, 31, 48-50, 66, 68 s., 71s., 83, 86s., 88-90, 91-94.

leccionado elementos más bien prácticos de ayuda en el crecimiento de nuestro amor a Dios).

La vida moderna es vida de trabajos y negocios que no dan tregua, que no permiten descansar. En todas partes debemos enfrentar efervescencia y luchas, problemas y apremios que nos llevan más que nunca *a buscar ese descanso que sólo se encuentra en Dios y a atarnos a él con todas las fibras de nuestro corazón.*

Sin embargo, esto no significa que debamos retirarnos a una isla desierta y dejar el mundo a sus propios designios o a los enemigos de nuestra religión. No. Nuestros tiempos necesitan personas con una profunda paz interior y que hayan probado su audacia interior y exterior. Que no le teman a la inseguridad y a la incertidumbre, pues los alimenta una *santa soledad con Dios* que les permite imprimir los rasgos de Cristo en el mundo, aun cuando éste se resista con todas sus fuerzas. Estos son los grandes artistas de la vida –quizás más necesarios que nunca en la historia–, los santos de la vida diaria. Mientras más difíciles los tiempos y sus desafíos, con mayor tenacidad y amor luchan por lograr un fundamento sólido y confiable sobre el cual construir sus vidas y desarrollar sus actividades: *una profunda vinculación a Dios.*

I. Características de la vinculación a Dios

El término común de la vinculación con Dios es el amor a Dios. Sus cualidades pueden deducirse fácilmente de la definición de santidad de la vida diaria: *la armonía agradable a Dios entre una vinculación hondamente afectiva a Dios, al trabajo y al prójimo en toda las circunstancias de la vida.*

1. Agradable a Dios (o magnánima)

De acuerdo a esta definición, la primera cualidad de la vinculación con Dios es la de ser *agradable a Dios.* Aquí no basta con cumplir los mandamientos bajo pena de pecado. Agrada más a Dios el que actuemos *libremente y por amor,* y no solo por *deber,* de acuerdo a sus deseos y consejos [no sólo sus mandamientos]. Todos conocemos la parábola del joven rico (Mc 10, 17-22) que se acerca a Cristo y le pregunta qué debe hacer para alcanzar la vida eterna. El Señor le dice que debe obedecer los mandamientos, y él le contesta que ha cumplido con ellos desde su juventud. Pero al joven esto no le basta, quiere algo más. Entonces Jesús, mirándolo con amor, agrega: «Una cosa más puedes hacer: anda, vende todo lo que tienes y da el dinero a los pobres. Luego, ven y sígueme». Jesús primero recuerda al joven el imperativo de obedecer los mandamientos de la ley de Dios, y después le comunica sus deseos.

Así es como Dios se nos presenta en muchas ocasiones: con una petición, con un deseo. Es como si nos dijese: «Esto o aquello me complace sobremanera. No te lo ordeno, pero si lo haces me harás muy feliz y te recompensaré con muchas gracias». ¿No hizo Jesús siempre lo que agradaba al

Padre? El programa de su vida fue hacer la voluntad del Padre, por lo que pudo decir de sí mismo: «Yo siempre hago lo que a él le agrada» (Jn 8, 29).

Lo que al Señor le agrada empieza por la obediencia a sus mandamientos, pero va mucho más allá: aspira a una entrega heroica motivada por un gran amor a Dios. Y como el amor no conoce límites, nuestra vinculación a él le es agradable, en el sentido de la santidad de la vida diaria, cuando es tan profunda que nos lleva a cumplir incluso sus consejos y deseos. Los santos nos dan un luminoso ejemplo de ello.

2. Armoniosa

Nuestra vinculación a Dios también debe ser *armoniosa*. La siguiente analogía nos puede servir de ejemplo: si tocamos un acorde en el piano, nuestros oídos experimentan este conjunto de notas como algo agradable. Pero si se tocan al unísono tres notas que juntas no forman una armonía, experimentamos un sonido discordante y desagradable. O imaginemos tres instrumentos ejecutando un trío, y que todos están bien afinados y tocan las notas correctas. Sin embargo, la armonía del conjunto se perderá si el volumen de los instrumentos carece del equilibrio adecuado: si uno suena demasiado fuerte en relación a los otros romperá la armonía del conjunto.

En nuestra vinculación con Dios, con el trabajo y con el prójimo debe reinar una armonía semejante. Entonces, nuestra vinculación con Dios no debiera estorbar nuestra vinculación al trabajo ni con el prójimo. Por el contrario, será su fundamento eficaz y servirá de constante inspiración.

La vida de santa Isabel de Hungría es un buen ejemplo. Sin duda que ella amaba a Dios, porque era santa. Pero también amaba a su esposo y profesaba un inmenso amor a los pobres y a los enfermos. En Dios y por él, los amaba con un amor cálido y profundo. No sentía que fuera contra su dignidad de baronesa y de hija de un rey el entrar a los suburbios más miserables y realizar los trabajos más humildes: barrer la casa, hacer las camas, lavar heridas y alimentar, con sus propias manos, a los necesitados.

Lo opuesto a la armonía es la disonancia. Un ejemplo de la vida diaria puede ayudarnos a entender y a clarificar la verdadera naturaleza de la vinculación armoniosa con Dios.

A una madre les gusta ir a misa todos los días, pero se va a la iglesia a la misma hora en que su esposo debe partir al trabajo y los niños al colegio. Por supuesto que esto genera desorden y confusión en la familia: un niño se queda en cama, otros dos pelean, un cuarto se quema al servirse el café, el más pequeño llora en su cuna y el esposo se siente tan molesto que finalmente se va al trabajo sin tomar desayuno… Mientras tanto, la mamá reza sentada en la iglesia.

Este ejemplo ilustra una vinculación con Dios carente de armonía: la vinculación al trabajo y al prójimo es demasiado débil, y la vida queda totalmente deformada [por la religión].

Otro ejemplo: Una mujer faltaba a la misa del domingo con bastante frecuencia y diversas excusas: en una ocasión para que un invitado, que no era católico, no la considerara descortés o aburrida; o por limpiar la casa al punto de que cada rincón quedara impecable, porque cualquier imperfección la ponía de mal humor por el resto del domingo. Siempre tenía una excusa para faltar a misa. ¿En qué fallaba? Indudablemente que en su vinculación con Dios. Su vida carecía de armonía pues su vinculación con el trabajo y con el prójimo tenían muy poca relación con su vinculación a Dios.

3. Hondamente afectiva

Más aún, nuestra vinculación con Dios debe ser amorosa, profundamente *afectiva,* y no sólo una idea en nuestra mente. Debe abarcar nuestra voluntad y nuestras emociones, de modo que seamos capaces de amarlo con toda la ternura de nuestro corazón y emprender con entusiasmo las tareas que nos encomienda.

Imaginemos nuevamente a una madre. Esta vez mece la cuna de su niño. Supongamos que el pequeño llora. ¿Lo tomará en brazos y le dará lo que necesita sólo porque piensa: «debo alimentarlo o se morirá de hambre; debo ayudarlo porque por sí solo no puede hacer nada; debo amarlo porque así lo manda Dios en la Sagrada Escritura»? ¡Por supuesto que no! Un amor así sería frío, calculador, racional, esclavo de la razón y la voluntad. Sería indigno de una verdadera madre. En realidad, esa criatura pequeña e indefensa despierta toda su capacidad de amor y de entrega y, sin vacilar un instante, lo toma en sus brazos, lo acuna y le da todo lo que necesita.

Nuestra vinculación con Dios es hondamente afectiva, es decir, lo amamos de verdad cuando nos entregamos a él con toda nuestra voluntad y con todo nuestro corazón.

Si la santidad fuese una vinculación intelectual a Dios, los grandes pensadores y estudiosos serían santos. Pero no es así. Un santo se vincula a Dios con la inteligencia, la voluntad y el corazón. Dios atrae todo su ser y cada parte de su ser. Lo sobrenatural penetra totalmente lo natural, incluso las esferas del subconsciente. Y como todo lo que se vincula con Dios es divinizado, las inhibiciones y complejos –que normalmente se nutren de los impulsos ocultos del subconsciente– debieran ir, poco a poco, desapareciendo.

Para lograr este ideal debemos evitar dos peligros: no hay que forzar los sentimientos ni el fervor. Debemos estar atentos para no engañarnos pensando que amamos a Dios con todo el corazón cuando en realidad estamos imitando mecánicamente a otros, en detrimento de nuestro propio valor como personas. Entonces, como este «amor profundo» no brota de nuestro verdadero ser, desaparecerá con las primeras tormentas que surjan en nuestro camino.

Una auténtica y vigorosa vinculación con Dios sólo es posible y sólo puede crecer en la medida en que el alma en oración se esfuerza por conocerse mejor y más profundamente, y por liberarse de todo afecto desordenado. El verdadero amor a Dios no es primitivo, ni irracional, ni meramente sentimental. La meditación tranquila y profunda es su alimento y su luz; y la evidencia de su autenticidad, un espíritu dispuesto a sacrificarse para cumplir la voluntad de Dios.

4. En todas las circunstancias de la vida (constante)

Nuestra vinculación con Dios tiene otra cualidad: debe darse «en toda circunstancia de la vida», es decir, debe ser *constante*. Una persona que permanece vinculada a Dios, incluso en las actividades más mundanas, es santa. Es un *Vinctus Christi,* un prisionero de Cristo que nunca se separa de él.

Nuestros padres, abuelos y las personas sencillas de todos los tiempos vivían de acuerdo a este espíritu: cuando les sucedía algo bueno exclamaban alegremente, «¡Gracias a Dios!» Y siempre que emprendían una tarea o cuando enfrentaban una desgracia, se daban ánimo diciendo: «En el nombre de Dios» o «Sea como Dios quiera». Como lo muestra la siguiente anécdota, incluso los niños pueden enseñarnos esta actitud:

Un papá viajaba en tren con su hija de tres años. Era de noche y miraban por la ventana. De pronto se produjo la siguiente conversación:

– Papá, ¿el cielo está allá arriba?

– Sí…

– ¿Es allá donde vive el Niño Jesús?

– Sí…

– ¿Nos está viendo aquí, mirando por la ventana?

– Sí, nos ve.

– Papá, entonces ¡hazle señas, dile adiós al Niño Jesús!

– Si tú también lo haces… ¡Hagámoslo los dos!

Y el papá, con un gesto un tanto torpe, quizás por primera vez en su vida se encontró haciendo señas a Dios con la mano. Todos debiéramos recordar esta lección más a menudo, tal vez cuando a la distancia divisemos el campanario de una iglesia o al contemplar las estrellas del cielo. Sería un medio, propio de la santidad de la vida diaria, de alcanzar una vinculación profundamente afectiva y constante con Dios. (....)

II. Formas de cultivar la vinculación con Dios

1. Cultivar la conciencia del amor de Dios por mí

¡Dios me ama con *amor eterno! Desde toda la eternidad* él me amaba, cuando nadie me conocía ni pensaba en mí; yo era todo para él, ya estaba en su mente al igual que la imagen de una pintura vive en la mente del artista incluso antes de pintarla. Él me amaba incluso antes de ser yo una realidad, cuando sólo era una posibilidad.

Miguel Ángel, el gran artista y escultor, caminaba por el campo con unos amigos; pasaron por entre unas rocas y bloques de piedra. Miguel Ángel se detuvo junto a un bloque de mármol y se quedó extasiado mirando esa piedra inerte. Sus amigos, pensando que tenía una visión, le preguntaron qué veía. Él respondió: «¡Veo un ángel!» Su ojo de artista ya veía el ángel que deseaba esculpir en el mármol y su corazón de artista ya amaba esa imagen, incluso antes de hacerla realidad.

¡Así es cómo Dios, el gran artista, ya me amaba antes de que existiese! He sido objeto de su amor *desde toda eternidad.* Ésta es la razón por la cual me creó. En mí, deseaba a alguien abierto a recibir su ilimitado amor divino. (....)

Si queremos una prueba tangible de la inmensidad y ternura del amor de Dios por nosotros, debemos medirlo por la magnitud de sus dones. Él nos dio el mayor don, su Hijo Unigénito, a fin de que fuésemos redimidos por su inconmensurable amor.

En una oportunidad, San Francisco Regis hacía lo posible por salvar el alma de un endurecido criminal que estaba a punto de morir. Cuando todo parecía perdido, empezó a hablarle del inmenso amor de Dios y, mostrándole a Jesús crucificado, le dijo: «¡A ti también te ama!» Estas palabras le tocaron el corazón, y con voz vacilante murmuró: «¿Es verdad? ¿A mí también me ama?» Y se rindió y se entregó a Dios. (....)

2. Cultivar la conciencia de ser hijos de Dios

Orígenes, uno de los primeros padres de la Iglesia, a veces subía al dormitorio donde dormía su hijo y con profunda reverencia besaba al niño en la frente. ¿Por qué? Para adorar al Dios Trino en el corazón de su hijo.

Esta verdad cautiva profundamente al santo de la vida diaria. Cuando ve brillar los ojos de una persona en estado de gracia, recuerda la luz del santuario. Y allí donde arde la luz del santuario está presente el Santo de los Santos. En cada alma en estado de gracia está Dios presente como Padre y Amigo, como Colaborador y Santificador.

Toda alma en gracia es un trono de Dios, desde donde actúa como *Padre*. ¡Él, nuestro Padre; nosotros, sus hijos! San Pablo insiste una y otra vez en esta verdad: «No habéis recibido el espíritu de esclavos sino el de hijos adoptivos que nos hace exclamar: *¡Abbá,* Padre!» (Rm 8,15). San Juan también nos dice: «Mirad cuánto amor nos ha tenido el Padre como para llamarnos hijos de Dios, pues ¡lo somos!» (1 Jn 3,1). Verdaderamente podemos decir: Dios es nuestro Padre (....)

Sin embargo, cuán poco nos impresiona esta verdad consoladora a nosotros, los hombres modernos, incluso a los cristianos. De otro modo, ¿cómo podemos explicarnos ese ir de puerta en puerta mendigando consuelo y ayuda cuando nos sentimos solos y abandonados, en vez de volvernos hacia nuestro Padre celestial? ¿No acude un hijo a su padre cuando necesita algo? Y esta actitud ¿no despierta toda la ternura y generosidad del padre, especialmente hacia los más pequeños y desvalidos? Dios Padre quiere entregarse a sí mismo, entregar amando y amar entregando. Después de todo, ¡Dios *es* Amor!

Su anhelo de amar es tan grande que engendra al Espíritu Santo. Este amor fuerte y comunicativo nunca descansa en su deseo de amarnos, incluso lo lleva a dar a su Hijo la naturaleza humana del Hombre-Dios. Podría decirse que el Padre no quiere existir sin el hijo, sin tantos hijos como sea posible. Él es el amor y quiere darse a sí mismo. *Deus quaerit condiligentes se,* Dios busca a aquellos con quienes puede compartir su amor.[2] Él busca seres espirituales a quienes amar y que se unan a él en el amor a las cosas que él ama y en la forma en que él ama. De ahí su decisión de que su Hijo Unigénito se hiciera hombre y que nosotros llegásemos

---

2   Paráfrasis de Duns Scotus (1265-1308): *Deus vult alios habere condiligentes* (Dios quiere tener a otros con quienes compartir su amor), Ord. III, dist. 28, q. unica, n. 2.

a ser uno con él por el bautismo. Nos ha hecho verdaderos hijos suyos.

Dios Padre tiene una singular «debilidad»: no puede resistirse a sus hijos cuando ellos reconocen y aceptan su desvalimiento. Filialidad significa «impotencia» del Dios omnipotente y «omnipotencia» del hombre impotente. Ésta es la razón más profunda de por qué la humildad es tan fecunda en el Reino de Dios. Es por ello que María canta con tanta alegría en el *Magnificat:* «¡Ensalzó a los humildes!» (Lc 1, 52). Y el Señor confirma las palabras de su Madre al decir: «Aquel que se humilla, será ensalzado» (Lc 14,11) y «El que quiera ser grande entre ustedes debe ser su servidor, y el que quiera ser el primero entre ustedes, deberá ser esclavo de todos» (Mt 20,26s). (....)

3. Los sacramentos, especialmente la misa diaria

Nuestra unión a Cristo como miembros de su Cuerpo es inseparable de los *sacramentos.*

El *Bautismo* nos hace miembros de Cristo, los otros sacramentos perfeccionan este gran don de diferentes formas. Con su agudo sentido de la realidad, el santo de la vida diaria sabe cómo sacar el máximo provecho de los sacramentos. Reflexiona profundamente en su propio bautismo y, recordándolo, descubre cómo cultivar las gracias recibidas en este sacramento.

El santo de la vida diaria recuerda que en la *Confirmación* fue consagrado como soldado de Cristo y que, en este acto solemne, «alcanzó la edad adulta» en la vida de la fe. Acepta con seriedad las obligaciones que le impone la causa del Reino de Dios y lucha por cumplirlas aun cuando ello le signifique un gran sacrificio.

La *Confesión* es para él un medio para recibir la gracia, para hacer penitencia y perfeccionarse. Sabe aprovechar al máximo este sacramento pues lo conoce bien y lo recibe con frecuencia.

Para el santo de la vida diaria, el *Matrimonio cristiano* es imagen de la misteriosa unión de Cristo con su Iglesia. Considera la familia cristiana como una pequeña iglesia y como el núcleo de la sociedad cristiana. Su renovación es, por lo tanto, el centro de todo su amor y atención.

Pero su amor está especialmente dedicado al *Santísimo Sacramento del altar,* porque es allí donde Cristo nos revela su amor de un modo especialmente tangible y nos permite descubrirlo una y otra vez. Para él, la Santa Eucaristía es la «venganza de un Dios que muere». Cuando los hombres decidieron dar muerte al Dios hecho hombre, el Señor instituyó el sacramento del amor para permanecer siempre junto al hombre como víctima, alimento y amigo.

La vida y el amor del santo de la vida diaria giran especialmente en torno al *altar del sacrificio.* La santa misa es el punto central, el punto de partida y de convergencia de todo su día de trabajo. Es el acontecimiento más significativo del día, por lo que anhela ardientemente transformar su misa diaria en la misa de la vida diaria. En otras palabras, el santo de la vida diaria no descansa hasta que su vida cotidiana sea la prolongación y perfección de la misa. A lo largo del día renueva constantemente el ofertorio, la consagración y la comunión.

[1. Ofertorio] En el espíritu paulino, escucha las palabras: «Cuando comemos este pan y bebemos este vino, *proclamamos tu muerte, Señor Jesús*» (cf 1Co 11,26). En la misa cotidiana, el santo de la vida diaria está misteriosamente clavado en la cruz con nuestro Señor crucificado. Durante el día, aprovecha toda ocasión para hacerse digno de este misterio. También hace suyo el lema clave de los primeros cristianos: «¡Del altar, a la arena!» Su arena es el trabajo normal de cada día, trabajo que procura realizar tan perfectamente como le sea posible.

[2. Consagración/Transformación] El santo de la vida diaria no se preocupa innecesariamente por los asuntos del pasado ni del futuro. El pasado está en el corazón de la divina Misericordia y el futuro en las manos de una Providencia bondadosa y paternal. Concentra toda su atención y energía en las 24 horas del día presente. *De sacrificio in sacrificium,* «de misa a misa». Piensa y vive solamente entre un sacrificio eucarístico y el siguiente. Cada día tiene su propio afán, pero también de cada misa fluyen las gracias necesarias para enfrentarlo. Sólo necesita llevar su cruz durante un día, cumplir fielmente sus deberes, ser fuerte, heroico y alegre sólo en el día presente. El mañana traerá nuevas gracias que brotarán desde el altar. No sufre el temor angustioso de tener que hacer su propia voluntad porque, a semejanza de Cristo, sus pensamientos y deseos giran constantemente en torno al Padre.

Tampoco le preocupan sus limitaciones, pues el Padre lo mira tiernamente por los méritos de Cristo, el Dios hecho Hombre a quien está íntimamente unido. Los momentos de pesimismo no le inquietan demasiado, pues cada mañana se une no sólo al Cristo sufriente y moribundo sino también al Señor transfigurado, que ya habita en el cielo con los ángeles y santos ensalzando jubilosamente al Padre. La misa incluso amplía su visión del mundo pues le enseña a ver e interpretar los tiempos y los acontecimientos mundiales con la mirada de Cristo.

[3. Comunión] Para el santo de la vida diaria, la misa no sólo consiste en el Ofertorio y la Consagración sino que también participa de la *Sagrada Comunión*. Vive según el principio de que "no hay misa sin comunión".

También durante el día le gusta visitar a su *divino Amigo* en la iglesia. Cristo lo comprende como ningún otro y le ayuda a discernir la voluntad y deseos del Padre.

Se dice que san Juan Vianney comentaba que debiéramos exhibir menos nuestros asuntos en público y a través de los diarios, y más frente al tabernáculo. Clemens Hofhauer aconsejaba no sólo hablar de Dios a los hombres, sino también a Dios de los hombres. Ambos santos eran especialmente amigos de la Eucaristía y oraban con frecuencia ante el tabernáculo. (....)

4. Anhelos de perfección inspirados por un heroísmo de la vida diaria

Otra característica del amor es su tendencia al heroísmo. En la vida cotidiana esto se muestra a través de *anhelos* y *acciones* heroicas.

1. Ello es especialmente evidente en la vida de la Santísima Virgen pues, a pesar de que llevaba una vida anónima y tranquila, albergaba en su corazón

grandes anhelos de Dios y de su reino. Para ella, la santidad de la vida diaria no significaba rebajar sus aspiraciones, por el contrario, era hija de grandes anhelos. Es lícito suponer que los anhelos de su alma dejaron una profunda huella en el nacimiento de Cristo, en la venida del Espíritu Santo y, por lo tanto, en la redención del mundo.

De hecho, todos los santos fueron hombres y mujeres con grandes aspiraciones. El Espíritu Santo encendió en ellos grandes deseos de Dios y de todo lo que a él le concierne. (....)

2. Hay muchos católicos nobles y comprometidos con la Iglesia que tienen grandes ideales pero que nunca logran concretar en acciones que influyan en la realidad que les toca vivir, por lo que no pasan de ser fantasías infecundas. El resultado es un mundo de ensueños en el que se refugian cuando la vida les resulta demasiado dura. Como progresan poco en su profesión y no reciben mucho cariño ni reconocimiento, se sumergen en un mundo artificial de ensoñaciones donde su «patético yo» es siempre el centro de atención. Nunca aprenden a dominar la vida, por lo que no llegan a ser santos de la vida diaria.

Tal era el caso de una joven que no lograba hacer bien su trabajo: descuidaba sus deberes, todo lo hacía mal, siempre estaba cometiendo errores. Esto le acarreaba constantes reproches y duras críticas. Dios trataba de ayudarla a ser más sensata, a comprender que necesitaba reflexionar y decidirse seriamente a mejorar. Pero en lugar de esforzarse por cambiar, se refugiaba en un mundo de fantasías superficiales y egocéntricas; se quejaba constantemente y culpaba a los demás de sus problemas. "¡Cuando me vaya, se darán cuenta de lo que soy capaz, de cuán injustos han sido conmigo! ¡Pero entonces será demasiado tarde!…», les decía.

Y como no sabía vivir bien su vida cotidiana, con sus sueños construyó un templo a su ídolo: a su «menospreciado» yo.

Nosotros, con frecuencia, hacemos lo mismo. Siempre que Dios quiere usar nuestros fracasos para educarnos, para hacernos más humildes y receptivos a su ayuda –para conducirnos a él y santificarnos mediante la fidelidad en las pequeñas cosas–, corremos a refugiarnos en los brazos del idolatrado yo. Buscamos compensaciones para satisfacer nuestro ego herido y culpamos a los demás de nuestros fracasos. Soñamos con "demostrar nuestra verdadera grandeza» realizando actos heroicos en circunstancias extraordinarias –incluso con el martirio–, pero fallamos en las cosas más simples de la vida cotidiana. ¿Por qué? Porque confundimos los anhelos heroicos queridos por Dios con fantasías ilusas y peligrosas, las cuales, al fin y al cabo, sólo alimentan nuestra pereza con falsas satisfacciones y una falsa autoestima.

El santo de la vida diaria evita estos peligros purificando sus fantasías, poniéndolas al servicio de grandes ideales y probándolas en la realidad concreta del trabajo cotidiano.

En efecto, sus grandes anhelos van siempre unidos a acciones grandes y heroicas. Pero éstas «sólo» tienen lugar en el ámbito de la vida común de cada día. El santo de la vida diaria no es como aquellos de quienes san Francisco de Sales afirmaba: «Piensan realizar grandes actos de amor... pero huyen de esas cruces mucho más pequeñas que les trae la vida de cada día». Por el contrario, conoce y aprecia el *agere contra* [ir en contra de la corriente]; el actuar, por amor, contra sus propios deseos e inclinaciones para ser cada vez más capaces de responder con prontitud a lo que Dios quiera de él (ella).

El santo de la vida diaria:

- Hace lo que no le gusta hacer.
- Evita lo que no le gusta evitar.
- Sufre lo que no le gusta sufrir.

Ello le preserva del autoengaño, le vacía de sí mismo y le enriquece a los ojos de Dios. (....)

5. La oración

Las plantas necesitan luz y aire para no marchitarse y morir. Lo mismo sucede con los animales. Un águila necesita alas para volar a las cumbres más altas, pues si se las cortan jamás podrá elevarse hacia el sol y se verá obligada a vivir en las llanuras y valles.

Nuestro amor a Dios también necesita luz, aire y alas. Sin ellos, se debilita y muere. Sin alas no podrá elevarse a las alturas. Para vivir y crecer, nuestro amor a Dios necesita las alas y el alimento de la *oración y de la renuncia a sí mismo* [3], sin lo cual, el amor pronto se debilita y muere.

---

3   Se entiende en el sentido de renunciar a las inclinaciones egoístas no queridas por Dios.

El santo de la vida diaria está consciente de esta realidad, por eso trabaja con ahínco para convertirse en maestro de la oración y de la renuncia a sí mismo. (....)

5.1. ¿Qué es la oración?

En el verdadero sentido, toda acción de la vida realizada en unión a Dios puede llamarse oración. Si cumplimos los deberes de nuestro estado de vida por motivos religiosos, si mediante nuestra vida espiritual y nuestras acciones prácticas expresamos nuestra dependencia de Dios y entrega a él, hemos orado. San Pablo nos dice: «Oren constantemente» (1Ts 5, 17). San Agustín nos lo explica de esta manera: si cumplimos nuestros deberes cotidianos con fidelidad, en el espíritu de entrega a Dios, y lo recordamos de vez en cuando rezando jaculatorias o expresándole nuestras buenas intenciones, hemos rezado todo el día. Ésta es una verdad consoladora para aquellos de nosotros que tenemos una agenda muy recargada. Si al final de una larga y agotadora jornada, al regresar a casa, podemos decir que hemos llevado fielmente el peso y el afán del día por amor a Dios, y que nos acordamos de invocarlo con amor, de tanto en tanto, entonces es como si viniésemos de la iglesia; entonces todo nuestro día de trabajo ha sido una gran oración.

En el estricto sentido de la palabra, los teólogos definen la oración como la elevación de la mente y del corazón a Dios, o la conversación con Dios. También describen la oración como el esfuerzo por introducirse en el mundo de los valores de Dios. Por tanto, si me esfuerzo por hacer propias las peticiones del Padrenuestro, si no me canso de decir, no sólo con los labios sino también con el corazón y la voluntad, «hágase tu voluntad así en la tierra como en el cielo» (Mt 6,10), entonces estoy penetrando en el mundo de los valores de Dios. No importa que mi corazón no esté siempre entusiasmado. Lo que interesa es que mi voluntad haga el esfuerzo por abrazar completamente esos grandes valores divinos.

5.2. El valor de la oración

La oración libera el corazón del apego desordenado a los bienes terrenales, nos une a Dios y abre nuestro espíritu a las riquezas de su omnipotencia y misericordia. Si la oración es una elevación del corazón a Dios, entonces el término «elevación» implica dos cosas: 1) *liberación del alma de los bienes meramente terrenales* y 2) *vinculación con Dios.* Ambas van de la mano. La vinculación con Dios nos libera de las cadenas terrenales, en tanto que la conversación con Dios acelera ese proceso de liberación. En su encíclica *Caritate Christi,* el Papa Pío XI afirma:

«Además, la oración removerá la causa fundamental de las dificultades actuales, que Nos hemos mencionado más arriba, es decir, el insaciable apetito de bienes terrenales. El hombre que ora mira más allá, hacia los bienes celestiales, los cuales desea y sobre los cuales medita; se sumerge con todo su ser en la contemplación del maravilloso orden establecido por Dios, que no conoce el frenesí de los éxitos terrenales ni las competencias estériles que adquieren una velocidad cada vez mayor. Esta actitud logra restablecer el equilibrio entre trabajo y descanso, cuya total ausencia de la sociedad actual es responsable de los graves peligros de la vida física, económica y moral.»[4] (....)

Cristo mismo fue el gran hombre de oración; oró desde el comienzo hasta el final de su vida. Todas sus acciones y esfuerzos fueron actos de oración. Sin embargo, como nos dicen las Escrituras, cuando terminaba el día de trabajo con frecuencia se retiraba a un lugar solitario para dedicarse enteramente a la oración (cf Mt 14,23; Lc 9, 18; Mc 1,37).

La santísima Virgen también fue una gran maestra de la oración. Y no podríamos esperar otra cosa de alguien tan semejante a Cristo. Pasó su juventud en oración, trabajando en el templo. El arte cristiano acostumbra representarla en oración cuando el ángel viene a saludarla. Cuando el Espíritu Santo desciende sobre los apóstoles, la Madre de Jesús oraba al centro de la Iglesia naciente (cf Hch 1,14). Y a nosotros, los católicos, nos agrada imaginar a María de rodillas, con las manos juntas, como la «Omnipotencia suplicante» que intercede ante Dios por nosotros.

Los santos de la vida diaria, como siguen las huellas de Jesús y de María en todas las cosas, también aman la oración, que es su forma normal de expresar su amor a Dios y el medio más importante para ser fecundos en el reino de Dios. Viven siempre según el espíritu de la Sagrada Escritura que exhorta una y otra vez: «Vigilen y oren siempre» (Lc 21,36); «Perseveren en la oración» (Col 4,2); «Oren sin cesar» (1Ts 5, 17).

---

4   Papa Pío XI, encíclica *Caritate Christi Compulsi* (Sobre el Sagrado Corazón), Mayo 3, 1932, N° 18.

5.3. Oración y trabajo

Esto ayuda a evitar el arraigado error de muchos cristianos que piensan que el apostolado sustituye la total entrega de sí mismo a Dios. Algunos, pensando que rezar es perder el tiempo, trabajan noche y día y viven en constante actividad, pero olvidan hacer un alto para refrescarse en la fuente de la oración. El vacío interior los encontrará desprevenidos. Si observan un péndulo verán que nunca se detiene en su ir y venir y, no obstante, descansa. ¿Cuándo? En el punto más alto de su oscilación, cuando se detiene brevemente antes de volver a oscilar. Mientras mayor es el péndulo, con mayor claridad podemos ver esa «pausa creadora». De la misma forma, nuestra alma necesita «pausas creadoras» a lo largo del día. Nada debe apartarnos de la oración, ni siquiera la necesidad de poner al día una gran cantidad de trabajo acumulado.

> Según un gran estadista católico, Dios hizo depender el orden, la tranquilidad y la paz entre las naciones del adecuado equilibrio entre el trabajo y la oración. El evidente desquiciamiento del mundo actual se debe a que el hombre moderno carece de espíritu de oración. El cardenal Jiménez de Cisneros[5] debe haber tenido la misma convicción, porque solía decir: «Cuando Jiménez ora, gobierna a España». Y san Felipe Neri creía firmemente que un cristiano sin oración es como un hombre sin cerebro (....)

---

5   Francisco Cardenal Jiménez de Cisneros (1436-1517), franciscano español y arzobispo de Toledo quien, durante el reinado de los reyes católicos, Fernando e Isabel, se desempeñó como canciller de Castilla, un importante puesto político.

La actitud de oración nos invita a rezar, en tanto que el *acto de oración* fortalece y profundiza esa actitud. Ésta es la razón por la cual el santo de la vida diaria da tanta importancia a la práctica regular de la oración.

El santo de la vida diaria empieza el día con un *momento de oración de la mañana*. Al levantarse saluda a Dios, renueva su ideal personal y hace su examen particular. A esto sigue una oración corta, una pequeña meditación, la santa misa y la comunión.

Las oraciones de la tarde incluyen un examen de conciencia, preparación para la meditación de la mañana siguiente y la oración de la noche.

Durante todo el *día de trabajo* hace pequeñas pausas para recogerse y orar; se vuelve hacia Dios una y otra vez, le dirige palabras afectuosas y le ofrece uno que otro sacrificio. De este modo camina siempre en la presencia de Dios, incluso en medio del trabajo más intenso y absorbente. (....)

6. Negación de sí mismo

Así como el ave no puede volar con una sola ala, el alma tampoco puede alcanzar un alto grado de amor a Dios sólo con la oración. Para penetrar profundamente en el corazón de Dios debe usar una segunda ala: la negación de sí mismo; es decir, renunciar a esa parte egoísta que hay en nosotros. No obstante, el espíritu de renuncia y la oración no deben ir separados del espíritu de amor. Sin amor, la negación de sí mismo puede conducir al masoquismo. Y el amor sin renuncia genera personas soñadoras e inestables.

6.1. No hay auténtica vida cristiana sin la negación de sí mismo

El Señor nos mostró esta verdad con sus enseñanzas y con su ejemplo; su vida entera podría resumirse diciendo: «de las cosas terrenas, de los placeres sensuales y del reconocimiento humano, lo mínimo; del amor al Padre celestial y a las almas, lo máximo». San Pablo resume esta dimensión de la vida del Dios hecho Hombre con la frase: *«Exinanivit semetipsum,* se negó a sí mismo» (Flp 2,7). Es la voluntad de nuestro Padre celestial que el camino de la cruz de Cristo también sea nuestro camino hacia el cielo. De ahí las palabras del Señor: «Y yo, cuando sea levantado de la tierra (en la cruz), atraeré a todos hacia mí» (Jn 12,32); y el llamado a sus discípulos: «Si alguno quiere venir en pos de mí, niéguese a sí mismo, tome su cruz y sígame» (Lc 9, 23) (....)

6.2. El hombre moderno no valora la negación de sí mismo

El Papa Pío XI se lamenta tristemente de esta realidad:

«La oración debe ir acompañada por la penitencia, el espíritu de penitencia y la práctica de la penitencia cristiana. (....)

Deploramos que en nuestros días el concepto y las palabras expiación y penitencia para muchos hayan perdido el poder de entusiasmar el corazón y de inspirar el heroísmo del sacrificio. En el pasado, inspiraban tales sentimientos, pues a los ojos de los hombres de fe llevaban el sello divino a semejanza de Cristo y de sus santos. Hoy día, en cambio, algunos quieren desterrar las mortificaciones externas como cosas del pasado; qué decir del «hombre autónomo» moderno, que desprecia la penitencia como signo de esclavitud. Es también evidente que el debilitamiento de la fe en Dios oscurece y confunde el concepto del pecado original y de la primera rebelión del hombre contra Dios, lo cual lleva a desestimar la necesidad de penitencia y expiación»[6].

En su deseo de que toda la Iglesia se uniese en un movimiento de negación de sí mismo, el Santo Padre recuerda cuán importantes son la penitencia y la expiación para salvaguardar la moral y la paz entre las naciones:

«A esto nos impulsa la misma defensa de Dios y de la religión... puesto que *la penitencia es por su naturaleza un reconocimiento y restauración del orden moral en el mundo, que se funda en la ley eterna,* es decir, en el Dios vivo. Ella da satisfacción a Dios por el pecado, reconoce la santidad de los supremos principios morales, su interior fuerza moral y obligatoriedad, y la necesidad de sancionar su violación. Ciertamente, uno de los más peligrosos errores de nuestro tiempo es haber separado la moral de la religión, eliminando así toda base sólida para cualquier legislación. Este error intelectual tal vez podía pasar desapercibido y aparecer menos peligroso cuando estaba confinado a unos pocos, porque la creencia en Dios era aún patrimonio común de la humanidad. (....)

---

6   Papa Pío XI, *Caritate Christi Compulsi,* N° 22 s.

Pero hoy día, cuando el ateísmo se ha difundido en las clases populares, las temibles consecuencias prácticas de tal error se hacen tangibles y entran en el mundo de las realidades terriblemente dolorosas. En lugar de las leyes morales, que se desvanecen juntamente con la pérdida de la fe en Dios, se impone la violencia de la fuerza conculcadora de todo derecho. (....)

La penitencia podría considerarse, entonces, como lo fue, un arma saludable en manos de valientes soldados de Cristo que desean luchar para defender y restaurar el orden moral del universo. *Es un arma que ataca la raíz misma de todos los males,* es decir, del deseo desordenado de riquezas materiales y de placeres licenciosos. Mediante sacrificios voluntarios, renuncias prácticas e incluso dolorosas, por medio de diversas formas de penitencia, el cristiano de corazón generoso domina las bajas pasiones que lo llevan a violar el orden moral.

Pero si el celo de la ley divina y de la caridad fraterna son en él tan grandes como debieran ser, entonces no sólo hace penitencia en beneficio propio, para expiar sus propios pecados, sino que también asume la expiación de los pecados de los demás, imitando así a los santos que, con frecuencia, se ofrecieron como víctimas heroicas en reparación de los pecados de generaciones enteras, imitando incluso al divino Redentor, que se ofreció como el Cordero de Dios que quita el pecado del mundo (Jn 1, 29)»[7] (....)

7　　Ibid, N° 24-25, énfasis agregado.

6.3. Importancia de la negación de sí mismo

Por penitencia entendemos el rechazo voluntario de algo pecaminoso o menos bueno, por amor a Dios, con la intención de reparar el daño infligido y la resolución de no volver a caer en la misma falta.

La penitencia, por lo tanto, implica tres cosas: apartarse del pecado y las imperfecciones; reparación mediante buenas acciones, más allá de las que obliga el deber; y un firme propósito de enmienda. (....)

La penitencia es un *acto de justicia.* Dios es el Señor del orden; toda falta quebranta este orden, produce un desorden que debe ser reparado. La penitencia es, por tanto, una contribución a la restauración del orden perdido. (....)

Procede de un *sano amor propio* que nos recuerda que los pecados y las faltas, incluso aquellos que han sido perdonados, dejan como secuela una cierta tendencia a repetir estas faltas. Por ejemplo, si a menudo comemos en forma desordenada, sabemos por experiencia que tenderemos a repetir esta conducta. Sólo la penitencia, y la penitencia dirigida a la raíz de la falta, puede, en parte, reparar el daño. En este caso, haríamos bien en privarnos de algún alimento, por amor a Dios, pero sin dañar nuestra salud.

Por nuestra relación mística con Cristo, la penitencia es también un *acto de amor al prójimo.* ¿Qué vemos cuando lanzamos una piedra en las tranquilas aguas de un lago? Las ondas se propagan cada vez más lejos hasta alcanzar la orilla más distante. O si una parte del cuerpo se enferma, el resto también sufre. Lo mismo sucede con nuestras acciones, tanto con las buenas como con las malas: ellas benefician o dañan a todos los hombres, incluso a los que no conocemos, a los más lejanos. (....)

6.4. Negación de sí mismo y armonía interior

Por ser el hombre una creatura con sentimientos, inteligencia, espíritu y capacidad de recibir la vida divina de la gracia, podríamos decir que lleva en sí un animal, un ángel y un hijo de Dios. En el «animal» habitan los apetitos y facultades cognitivas inferiores; se alimenta, es capaz de crecer y reproducirse. El «ángel» posee las facultades del pensamiento y la voluntad. El «hijo de Dios» participa del conocimiento y de la voluntad de Dios. Antes de que el pecado entrara en el mundo, existía una maravillosa armonía entre el animal, el ángel y el hijo de Dios. El ángel reinaba sobre el animal; y el animal y el ángel se sometían gustosamente al hijo de Dios.

Luego llegó el pecado. El «ángel» se rebeló contra el hijo de Dios y se negó a obedecerle. En castigo, Dios rompió la subordinación del «animal» al ángel, y hasta hoy podemos ver cómo la rebelión de la carne castiga la rebelión del ángel contra el hijo de Dios. A menudo, la desobediencia trae como consecuencia la insurrección de la carne. Por el contrario, el sometimiento de los apetitos inferiores al «ángel» y a Dios queda mejor asegurado cuando con nuestras facultades superiores y total convicción, decimos: «He aquí la esclava del Señor».

Si queremos contrarrestar esta rebelión de nuestra naturaleza, quebrantada por el pecado, y avanzar hacia el orden y la armonía, entonces, además de la gracia de Dios, debemos esforzarnos por dominar al animal y ayudar al ángel y al hijo de Dios a recuperar su dominio. Este esfuerzo se llama negación de sí mismo. Implica renunciar al propio yo, decir un *no* de corazón a todo aquello que está desordenado y enfermo en mi naturaleza inferior. (....)

Para el santo de la vida diaria, tal negación de sí mismo se traduce en dos actitudes hacia las cosas creadas:

No las usa en contra de Dios. No usa su imaginación, memoria, mente, voluntad, cuerpo, posesiones, ni al prójimo, como instrumentos de pecado. Cuando la atracción de las cosas creadas es poderosa, emplea dos estrategias en su lucha: una negativa y otra positiva:

La *negativa* oscurece (o nubla) la atracción de los objetos que lo incitan a pecar.

La *positiva* aplica la «sobre iluminación». Las estrellas no se ven cuando las tapa la neblina, pero también desaparecen bajo el efecto de la luz más brillante del sol. En forma similar, se puede superar el deseo de goces perecederos recurriendo a la táctica de «nublarlos», recordando lo efímero de su naturaleza o cultivando el anhelo por la alegría transparente y el goce del amor de Dios. (....)

Pero al santo de la vida diaria no le basta con no usar las cosas creadas en contra de Dios. [Él no sólo se esfuerza] *por no usar, ni amar ni aborrecer las cosas creadas por el valor que tienen en sí mismas.*[8] También cultiva una santa indiferencia. (....)

---

8   En otras palabras: no mide su relación con las cosas creadas y con las personas sólo en el plano natural, sino que también en el contexto de cómo ellas se relacionan con Dios y con la voluntad divina.

A veces, «indiferencia» significa aceptar la voluntad de Dios; otras, abandono a la voluntad de Dios. En ningún caso debe confundirse con apatía o indiferencia. San Ignacio lo explica con mucha claridad en sus famosos Ejercicios Espirituales:

«Por tanto, necesitamos volvernos interiormente libres con respecto a todas las cosas creadas, de manera que no deseemos, de nuestra parte, más salud que enfermedad, más riqueza que pobreza, más éxito que fracaso (y así, en todo lo demás), sino que deseemos y escojamos solamente lo que más nos conduce a esta verdadera Vida a la cual estamos llamados.»[9]

---

9   San Ignacio de Loyola, *Ejercicios Espirituales,* N° 23.

Capítulo 3
VINCULACIÓN
AL QUEHACER DIARIO

La segunda y principal sección de *La Santificación de la Vida diaria*[1] se refiere a la vinculación al trabajo. En este contexto, el término «trabajo" (en alemán, Werk) significa no solo «oficio» o «profesión», también incluye nuestra relación con el mundo y los cambios que en éste introducimos. Comprende las siguientes subdivisiones:

- *vinculación al trabajo (o labor, en alemán: Arbeit),*
- *vinculación a las cosas,*
- *vinculación al sufrimiento.*

Aquí vemos una progresión que va desde:

1. el trabajo como tarea a
2. cómo nos relacionamos con la creación, y a
3. el lugar que damos al sufrimiento en nuestra relación con el mundo. Por ser el nexo entre la vinculación con Dios y con el hombre, este capítulo podría llamarse «vinculación a la creación» y a nuestra actividad creadora.

---

1 *Wertagsheiligkeit* (1978), p. 96-98, 99s, (A) 100-107, (B) 122-124, 127s, 130, 134, 135s, 138s, 140-143, 145-149, (C) 149s, 152, 154, 164s, 170s, 175.

Los tópicos más importantes incluyen: el valor del trabajo; las cosas como mensajeras de Dios; y el sufrimiento cristiano. Empieza con una exposición de las cualidades generales que debe tener la vinculación al trabajo (o a la creación).[2]

---

2   En *Priesterliche Wertagsheiligkeit* (retiro para sacerdotes, 1932), el P. Kentenich introduce esta sección afirmando que no sólo a la oración dedicamos nuestros días sino especialmente a nuestros quehaceres cotidianos, arena donde se prueba nuestra santidad. «¿Qué es la vinculación al trabajo? Todo lo que no es vinculación a Dios o al prójimo. ¿Qué no es vinculación a Dios o al prójimo en nuestra actividad diaria? El trabajo, el sufrimiento, el uso de las cosas creadas. Éstas son las tres dimensiones de la vinculación al trabajo» (manuscrito, p. 45).

I. Características y cualidades generales de la vinculación al quehacer diario

Al mirar las primeras páginas, que tratan acerca de las cualidades que debiera tener nuestro amor a Dios, descubrimos cuán lejos hemos llegado. Las cualidades «agradable a Dios», «hondamente afectiva» y «constante» encuentran mayor eco en nosotros.

Pero la cuarta cualidad, la «armonía», resuena muy débilmente todavía. En teoría, lo que nos queda claro es que nuestra vinculación con Dios debe estar unida orgánica y armoniosamente a nuestra vinculación al trabajo [creación] y con el prójimo. Sabemos que un auténtico amor a Dios nos motiva a amar nuestro trabajo y a nuestro prójimo; y que, a su vez, a través del amor al prójimo y al trabajo expresamos y aumentamos nuestro amor a Dios. Sin esto no hay santidad de la vida diaria, es decir, no existe una armonía agradable a Dios entre la vinculación hondamente afectiva a Dios, al trabajo y al prójimo, en todas las circunstancias de la vida. (....)

Esto explica nuestro rechazo instintivo a los cristianos que rezan mucho pero que no se esfuerzan por hacer bien su trabajo ni en ser amables con los demás. Ciertamente Nietzsche tenía razón cuando decía: «Si los que se dicen redimidos me lo demostraran con *sus vidas*, me sería más fácil creer en su Redentor». Bien podría haber dicho: «Si en la vida cotidiana los cristianos actuaran según el espíritu de la auténtica santidad de la vida diaria, serían más convincentes y eficaces embajadores de las verdades de su religión».

Sin embargo, saber estas cosas no basta para motivarnos a luchar seriamente por alcanzar la santidad de la vida diaria. Necesitamos un cimiento firme sobre el cual construir nuestras vidas, para lo cual debemos alinear el primer pilar, nuestra vinculación con Dios, con los otros dos, nuestra vinculación al trabajo y al prójimo, y relacionar estrechamente estos tres pilares, tal como Dios lo desearía.

1. Vinculación armoniosa

Empezaremos por *la vinculación a nuestro trabajo*. Por sobre todo, éste debe estar en *armonía* con la vinculación a Dios y al prójimo. Permítanme ilustrarlo con dos ejemplos:

El primero es el caso de una mujer que ayudaba a pagar los estudios de un joven seminarista, y que se enfermó gravemente cuando éste empezaba a estudiar griego. Entonces, cada vez que sentía un dolor muy fuerte, rezaba: «¡Querido Dios, haz que este dolor le ayude a aprender griego y que algún día llegue a ser un buen sacerdote!" Y así, gracias a su maternal espíritu de sacrificio soportaba la enfermedad con resignación y paciencia.

Un sacristán muy minucioso en el cumplimiento de sus deberes, me dijo un día que lo hacía no sólo para decorar bien la casa y el altar de Dios sino también para alegrar a los fieles, y para que así, atraídos por la belleza de la casa del Señor, encontraran más fácilmente el camino hacia él.

En ambos casos vemos cómo la vinculación a Dios, al trabajo y al prójimo están en armonía y equilibrio. En la práctica, sin embargo, nuestra vida cotidiana a menudo carece de *armonía*.

Piensen, por ejemplo, en las dueñas de casa que sacrifican la paz y la tranquilidad del hogar (¡y también a su marido y a sus niños!) en aras del orden y la limpieza; son capaces de arruinar la alegría de un día de fiesta a causa de un poco de polvo o del más mínimo desorden. Estas personas tienen una actitud equivocada frente a las personas y a las cosas, porque la limpieza y el orden deben estar al servicio de las personas, y no al revés.

Si nos detenemos a pensar en escenas de la vida diaria que presenciamos todos los días, y varias veces al día, entenderemos por qué Rabindranath Tagore, el famoso poeta hindú,[3] después de una larga visita a Europa afirmó:

«En Europa encontré un cristianismo del día domingo y un cristianismo del día de trabajo. Ya no hay conexión entre religión y vida… En la realidad de muchas personas, la religión es más bien un elemento decorativo. Puede que la valoren como a una antigua herencia, pero carece de vitalidad y no logra penetrar la totalidad de sus vidas. ¡A estas personas no les importa vivir la inherente contradicción que implica servir a Dios y a Mamón al mismo tiempo!»

La *separación* de religión y vida es el mayor error moderno. Pío XI lo llamó «la peste del laicismo». León XIII usó la expresión *naturalismo*. En una alocución a los cardenales, el 8 de diciembre de 1879, declaró:

---

3   Rabindranath Tagore (1861-1941), poeta y filósofo de India, ganador del Premio Nobel de literatura en 1913.

«El principal error de nuestro tiempo, y que comprende a todos los demás, es el frío naturalismo que ha infiltrado toda expresión de la vida pública; el naturalismo que pone la razón humana en el lugar de la autoridad divina, la naturaleza en el lugar de la gracia, expulsando a Cristo de todas partes y haciendo infecundos los frutos de la redención».

Con frecuencia no percibimos hasta qué punto se han debilitado los lazos que unen religión y vida, fe y conocimiento, naturaleza y gracia, incluso en los círculos de *elite de la Iglesia*. (....)

2. Agradable a Dios, constante, hondamente afectiva

El deseo del santo de la vida diaria es lograr un amor al trabajo que tenga cualidades semejantes al amor a Dios: que sea agradable a Dios, constante y hondamente afectivo.

Una vinculación hondamente afectiva, una relación de profundo amor al trabajo es, por tanto, permitida y necesaria. Después de todo, es Dios quien nos da nuestro trabajo y desea usarlo para conducirnos hacia él y para hacernos santos. No basta trabajar sólo cuando «tenemos ganas», o hacerlo mal, descuidadamente. En tanto cuanto es Dios quien nos pide realizar un trabajo determinado, debemos prestarle toda nuestra atención y energía, y realizarlo con la perfección interior y exterior que nos inspira el hacerlo por amor a Dios y para alabanza y gloria del Padre celestial.

El santo de la vida diaria se pregunta cómo le gustaría a Dios que él (ella) hiciera su trabajo, qué le daría más alegría, pues quisiera actuar siempre como Jesús: haciendo «lo que agrada al Padre» (Jn 8, 29). Por eso, hace lo posible por ser siempre amable y digno de confianza. No abandona el trabajo cuando le resulta desagradable, ni se lo pasa a otros ni lo pospone hasta el último minuto. *Sanctus est qui sancte vivit,* santo es el que *vive* una vida santa, no el que sueña con ella.

Santo es quien trata de imprimir el sello de la perfección interior y exterior a todos sus trabajos. Hay muy pocas personas así, incluso entre las que tienen una formación religiosa. A muchos les gusta rezar, pero cuando el trabajo se les vuelve pesado o tedioso, rápidamente se excusan diciendo «esto no me gusta» o «no es para mí».

II. Las tres dimensiones de la vinculación al quehacer diario

El santo de la vida diaria hace todo lo posible para que su trabajo tenga las características mencionadas. Está vinculado a Dios con todo su corazón, y vinculado a su trabajo por amor a Dios. Para él, «trabajar» incluye el trabajo como tal, el uso apropiado de las cosas creadas y el sufrimiento.

Por lo tanto, la vinculación al trabajo comprende:

- Vinculación al trabajo como tal.
- Vinculación a las cosas.
- Vinculación al sufrimiento.

1. Vinculación al trabajo

El anhelo de felicidad es algo intrínseco a la naturaleza humana. Afecta todas las decisiones, tanto de actuar como de no actuar. Buscamos dinero, bienes, honor, gloria y placer porque queremos ser felices. Incluso, consciente o inconscientemente, amamos a Dios y le somos fieles para ser felices. Las fuentes de felicidad son muchas y variadas. Algunas son limpias y puras, otras son turbias y envenenadas. Entre las fuentes puras de felicidad está el trabajo. ¡Cuán a menudo experimentamos esto en nuestras vidas y lo observamos en los demás!

¿Cuándo hemos sido más felices? ¿Con poco o ningún trabajo y abandonados a nuestros pensamientos y sueños? De ninguna manera. En esos períodos de nuestras vidas nos hemos sentido desdichados, nos transformamos en personas difíciles de tratar, en un peso para los que nos rodeaban, a quienes también hacíamos infelices. Algo muy similar les sucede a las comunidades y naciones. Los tiempos de desocupación y cesantía siempre han sido caldos de cultivo de revoluciones. «La ociosidad» como dice el refrán, «es el taller del demonio». Y si esto es verdad respecto de los individuos ¡cuánto más peligrosa es la cesantía cuando afecta a los pueblos! Tener demasiado trabajo es mejor para la sociedad humana que tener poco, produce más satisfacción y felicidad. El ideal, por supuesto, es lograr un sano equilibrio entre los tiempos de trabajo y los de descanso.

Todo esto nos indica que el trabajo es una fuente de felicidad *real e irreemplazable*.

1.1. Naturaleza del trabajo

1.1.1. El trabajo tiene sus raíces en el Paraíso

Pienso que nadie discute seriamente la premisa de que el trabajo contribuye a hacer una parte de la felicidad del paraíso y del cielo. No obstante, algunos podrían objetarlo diciendo que si la vida de nuestros primeros padres en el paraíso era pura alegría y felicidad, entonces no necesitaban trabajar. Si esto no fuese así ¿por qué hablamos de la *maldición* que significa la pérdida del paraíso? (....)

A decir verdad, el trabajo, tal como lo conocemos, está dañado por el pecado original. Nuestras facultades humanas carecen de su vitalidad original; cuerpo y alma se debilitaron y la creación resiste con más fuerza la voluntad creadora del hombre que lo impulsa a intervenir y transformar el mundo. La maldición afectó al hombre y a la creación. El hombre se ve obligado a ganarse la vida con el sudor de su frente. Granizos y tormentas, inundaciones y sequías a menudo destruyen los tan esperados frutos de un largo tiempo de trabajo. Pero la maldición no recayó sobre el trabajo mismo, sino sólo sobre el hombre y la tierra.

No es difícil darse cuenta de que el trabajo tiene más de la felicidad que de la maldición del paraíso. Después de todo, Adán y Eva trabajaban antes de caer en el pecado original. La diferencia está en que no se trataba de unos arduos «debes» sino de un bendito «puedes», que formaba parte de la felicidad del paraíso. (....) No sabemos cuánto tiempo vivieron Adán y Eva en ese estado de justicia original, pero la Escritura nos dice que el trabajo era parte de sus vidas; incluso indica los tipos de trabajo que realizaban. Nos dice: «Tomó, pues, Yahvé Dios al hombre y le puso en el jardín de Edén para que lo cultivase y guardase". (Gen 2, 15). Esto no sólo indica que Adán trabajaba, también nos da una clave acerca del tipo de trabajo al que se dedicaba: a la agricultura, evidentemente. Y donde hay agricultura se necesitan herramientas, y su manufactura requiere un trabajo manual. De ello podemos deducir que la industria también estaba en el plan de Dios. Leemos: «Un río salía de Edén para regar el jardín, y desde allí se dividía en cuatro brazos. El primero se llama Pisón, y es el que rodea toda la tierra de Javilá, donde hay oro; el oro de este país es puro; en él hay también bedelio y onice». (Gn 2, 10-12). Ciertamente Dios puso materia prima en la tierra para la minería. En consecuencia, el trabajo físico formaba parte de la felicidad del paraíso.

Adán y Eva también tuvieron que realizar un *trabajo intelectual*. En el relato de la creación, escuchamos cómo Dios da a Adán la tarea de dar nombre a todos los animales. El nombre de algo expresa su esencia. Adán, por tanto, tuvo que observar a los animales y descubrir su esencia antes de dar a cada uno el nombre que le correspondía. Y eso requiere trabajo intelectual.

Más aún, conocemos el gran mandamiento de Dios: «Sed fecundos y multiplicaos, poblad la tierra y sometedla; dominad sobre los peces del mar, sobre las aves del cielo y sobre cuanto animal se mueva sobre la tierra» (Gn 1,28). Lo que *la cultura y la tecnología* modernas realizan hoy día no es nada más ni nada menos que llevar a cabo este grandioso programa que nos dio el mismo Dios en el paraíso. Ningún Ministro del Trabajo pudo haber ideado un programa de empleo más grande y de más vasto alcance.

1.1.2. El trabajo y la felicidad del cielo

Daremos más valor al trabajo si lo comparamos con la felicidad del cielo.

¿A qué se asemeja la felicidad del cielo? Hay un amplio espectro de descripciones populares. Se la imagina como el epítome de aquello que constituye la felicidad en la tierra: para los fatigados será descanso de las preocupaciones de este mundo; para el hambriento, un banquete digno de un rey. (....) Todas estas cosas simbolizan la esencia de la felicidad del cielo: la visión beatífica de Dios. Seremos partícipes de la vida de Dios de una manera especial, gozosa. Pero la vida de Dios es conocer y amar *en actividad*.

Cuando rezamos por el eterno *descanso* de los difuntos nos, referimos al descanso de las inquietudes de la vida terrena y a la liberación de las preocupaciones del trabajo terrenal. ¡Que descansen en paz! No obstante, san Agustín llama paz a la *tranquilitas ordinis*[4], el descanso que se logra al ser integrado al orden querido por Dios. Esto significa que los bienaventurados en el cielo descansan al poseer a Dios y participar en su amor y conocimiento. La felicidad del cielo consiste en participar en la *actividad creadora del Dios que se dona a sí mismo.*

1.1.3. Definición y significado del trabajo

¡Qué nobleza la del trabajo! Después de todo, también es una actividad semejante al conocimiento y al amor de los bienaventurados del cielo. Más aún, el trabajo es, aunque en forma imperfecta y a menudo diferente, participación en la actividad creadora del Dios que se dona a sí mismo.

Después de todo, Dios, como Creador, siempre está en acción, siempre está presente mediante su actividad creadora, sustentadora y rectora. Él crea y sostiene la vida

---

4   La tranquilidad en el orden. Definición de san Agustín de Hippo (354-430) en *La ciudad de Dios,* Libro 19.

divina de cada persona en gracia. Todo lo que hace, lo hace por amor, a través del amor y para el amor; el amor es la ley fundamental del universo. Y Dios nos muestra su amor mediante signos sensibles, para así conducirnos hacia una profunda unión con él.

El significado más profundo del trabajo y de toda actividad humana es imitar y participar en esta múltiple actividad de Dios. Ésta es la razón de por qué gran parte de la felicidad y gozo que produce el trabajo elude a quienes lo ven sólo o principalmente como una forma de «ganarse la vida». El trabajo nos hace felices en la medida en que nos permite desarrollar nuestra creatividad y darnos, entregarnos a los demás, aun cuando no nos reporte beneficios económicos. El trabajo alivia el cuerpo y el alma, ayuda a desarrollar el núcleo de la personalidad y produce una sana autoestima, nos preserva de muchas tentaciones y pecados y nos permite comunicarnos más fácilmente con Dios.

Supongamos que soy un profesor o una dueña de casa a cargo de la cocina. ¡Cuánta creatividad despiertan estos trabajos y cuántas oportunidades ofrecen para dar y recibir amor! ¡Quién no ha experimentado las innumerables bendiciones que conlleva este tipo de trabajo y cómo cambia la vida! En cambio, qué diferente se siente el trabajo cuando carece de sentido. Entonces uno no es «creador» sino tan sólo un «agente de producción» que realiza una tarea mecánica, rutinaria, sólo para sobrevivir. Tal como sucede con el desempleo, este tipo de trabajo produce insatisfacción, hace a las personas vulnerables a los bajos instintos y receptivas a las tendencias que pretenden debilitar las estructuras familiares y sociales.

1.2. Los problemas del trabajo en el mundo moderno

Desgraciadamente, en la actualidad hay millones de personas que se ven obligadas a realizar labores agotadoras y rutinarias tanto en fábricas y oficinas. Son muy pocos los que aún pueden elegir su trabajo. Al santo de la vida diaria le corresponde superar los peligros que conlleva la mecanización del trabajo. «Los santos», dice Julius Langbehm[5], «son más importantes que las máquinas a vapor. Necesitamos máquinas, pero las personas deben dominarlas».

1.2.1. Necesidad de rescatar el verdadero sentido del trabajo

Esto nos lleva a uno de los problemas más importantes que enfrenta no sólo la elite religiosa sino también la educación en general. Si no logramos restaurar el verdadero sentido del trabajo, despertando y desarrollando la creatividad de las personas y la entrega de sí mismo, incluso cuando el trabajo sea rutinario y tedioso, difícilmente tendrán éxito los demás intentos de reforma. No podemos hacer retroceder nuestras economías a lo que fueron en la Edad Media; debemos empezar con la realidad económica actual e ir descubriendo, paso a paso, la forma de hacer surgir de la roca (cf Ex 17,5s) el agua transparente y refrescante de la vida, del amor y la alegría.

Existen medios y caminos que nos ayudan a dar sentido al trabajo. Teóricamente parecen fáciles de aplicar, pero

---

5   Julius Lagnbehn (1851-1907), escritor y educador alemán conocido también como el «Rembrandt alemán».

en la práctica se requiere una auténtica capacidad de compromiso y un vigoroso espíritu de sacrificio.

1.2.2. Medios naturales

[1] Cuando el trabajo se nos hace tedioso, podemos verlo como un *servicio al bien común*. Recordamos que nuestra contribución, aunque oculta, es valiosa para el Estado o para la sociedad en general. Un padre de familia podría pensar que el dinero que gana con el trabajo de sus manos le permitirá mantener a su familia y dar una mejor educación a sus hijos. (....)

[2] En casos similares, cuando las circunstancias lo permiten, se puede relacionar las tareas rutinarias *con otras actividades más agradables*.

Decía una joven que, «cuando tengo que pelar muchas papas, siempre canto una canción alegre. Me gusta mucho cantar y podría cantar y dedicarme a la música todo el día. Lo mismo hago mientras limpio y lavo. No me gustan estas tareas, pero si canto una canción alegre y trabajo al ritmo de la música, todo el trabajo se hace rápido y yo quedo contenta y satisfecha.» (....)

[3] No todos pueden dar así vida a su trabajo. Otros deben sustituir esta falta [de creatividad] mediante *actividades creativas desarrolladas en los tiempos libres*. Éstas pueden incluir actividades apostólicas o de caridad, algún estudio, actividades deportivas o clases nocturnas. No importa cuál sea la actividad que escojamos, lo importante es desarrollar nuestra creatividad y encontrar cauces apropiados para darnos nosotros mismos a los demás, de lo contrario corremos

el riesgo de recurrir a compensaciones que muchas veces son peligrosas.

Una joven pasa ocho o más horas diarias en la ingrata labor de hacer ojales. Los hace por cientos en una incansable repetición, sin siquiera ver los trajes terminados. Fuera del trabajo, en casa se dedica a cuidar las flores y a sus pequeños hermanos y hermanas. Ayuda en su parroquia y trabaja con los pobres. Es sabio de su parte realizar estas actividades, pues compensan la falta de creatividad y entrega de su trabajo en la fábrica. (....)

Conozco a un joven, casado, que al quedar sin trabajo se le produjeron problemas difíciles de superar. Los medios naturales y sobrenaturales corrientes no lograban ayudarlo, entonces un sacerdote le aconsejó hacer juguetes para sus niños usando materiales baratos y fáciles de conseguir. Siguió su consejo, y este trabajo, que le permitía desarrollar su creatividad y dar de sí a los demás, resultó ser la gran ayuda que necesitaba para superar sus problemas. (....)

1.2.3. *Medios sobrenaturales*

[4] Además de los medios naturales, las personas de fe tienen medios sobrenaturales muy efectivos a su disposición. Pero ellos requieren del alto grado de amor a Dios que normalmente cultiva el santo de la vida diaria. Su profunda convicción de ser hijo de Dios y miembro de Cristo despierta su creatividad y voluntad de entrega; acrecienta los dones que tiene a su disposición y que puede entregar a los demás, y los eleva a *un nivel que va más allá de lo meramente*

natural. Por eso, cuando le toca realizar un trabajo frustrante, tedioso, monótono, el santo de la vida diaria sacrifica su legítimo deseo de trabajar en algo más gratificante, y asume este sacrificio como una gran oportunidad de «suplir en su cuerpo lo que falta a la pasión de Cristo» (Col 1,24); de este modo promueve, defiende y asegura el espíritu del reino de Dios en la tierra. Cristo enseñó la fecundidad del sufrimiento al decir: «Cuando sea levantado en la cruz, atraeré a todos hacia mí» (Jn 12,32). El desempleo y el trabajo insatisfactorio son una cruz para el santo de la vida diaria y para cualquier persona, y una cruz muy pesada. Pero sabe que cuando es levantado en esa cruz, su vida gana en profundidad porque se une a Cristo para atraer el mundo hacia el Padre.

Esta visión de las cosas permite que nunca nos falten oportunidades para desarrollar nuestra creatividad y para darnos a los demás. Como decía santa Teresita, la Pequeña Flor: «Se salvan más almas por el sufrimiento que por medio de los más brillantes sermones.» (....)

2. Vinculación a las cosas

Para el santo de la vida diaria, vincular el acontecer cotidiano con el amor de Dios es parte de la tarea que debe cumplir en su vida; es así como la ennoblece y perfecciona. Todo el día, desde la mañana a la noche, debe llevar el sello del amor y la perfección. Sólo entonces cree haber alcanzado su ideal.

El cardenal Newman dice lo mismo cuando escribe: «Un hombre religioso es religioso en la mañana, al mediodía y en la noche. La religión da forma y carácter a todas sus acciones, a todo lo que piensa y habla; cada parte sirve al todo. Ve a Dios en todas las cosas y mide todo según la voluntad de Dios».

El «trabajo» comprende no sólo la oración y nuestras actividades cotidianas. En la vida diaria dependemos de una infinidad de objetos materiales, como el alimento y el vestido. A éstos y otros similares llamaremos «cosas», y con este término indicaremos todo lo que no sea Dios, trabajo, sufrimiento o prójimo.

Todos sabemos con cuánta frecuencia entramos en contacto con las cosas, por eso nos es fácil darnos cuenta de cuánto valora, y debe valorar, el santo de la vida diaria el que la vinculación a éstas sea agradable a Dios. No queda satisfecho hasta que las cosas le inspiren y expresen un gran amor a Dios y un vigoroso dominio de la vida y del mundo.

Después de todo, nuestra vida debiera ser un solo «Gloria al Padre...», una expresión viva de aquella oración favorita: «¡Todo por amor al Amor eterno y por la gloria de Dios!». Nuestro objetivo es avanzar, paso a paso, hacia una vinculación profética, sacerdotal y heroica a las cosas.

2.1. Vinculación profética a las cosas

El santo de la vida diaria tiene conocimientos religiosos claros y precisos, y es práctico y consecuente en su aplicación.

Sabe que las cosas de este mundo no sólo tienen un significado intrínseco sino también simbólico. Ellas sirven de profetas de Dios, nos hablan de él, de sus cualidades y de sus intenciones. San Agustín las llama *natus Dei,* saludos o señas de Dios. Y san Buenaventura habla de *manutergium*

Dei. Mediante las cosas creadas, Dios nos toma de la mano, nos muestra sus signos y deseos en todas partes, y así nos conduce a su corazón de Padre. Las cosas son los innumerables profetas que salen a nuestro encuentro durante el día. Debemos abrir los ojos y aguzar los oídos para percibir mejor los mensajeros y mensajes que nos envía Dios constantemente. Veamos algunos ejemplos:

Veo un rosal florido. Dios ha dado a éste la tarea de hablarme de su amor y de su belleza. O veo el agua cristalina. ¿No me recuerda ella, con voz profética, el bautismo y la purificación de mi alma? Y el pájaro que canta en las ramas ¿no me trae un saludo del Padre celestial que lo viste y alimenta con tanto cuidado?

Una dueña de casa me decía que cuando lustraba sus zapatos en la noche pensaba en Dios que, con su divina paciencia, nos limpia, día tras día, de toda la suciedad y el polvo acumulados durante la jornada, y sólo nos pide un acto de contrición. Y un árbol cargado de frutos siempre le recordaba la oración que decía: «Ayúdame a no estar con las manos vacías el gran día de la cosecha» (....)

Un monje que pasaba todo su tiempo, a excepción de las horas de oración, cocinando para una gran comunidad en una cocina a leña. Cuando se le preguntó cómo se comunicaba con Dios teniendo tan poco tiempo para leer libros de meditación o para escuchar sermones inspiradores, señalando la cocina contestó: «Ahí dentro hay un buen predicador a quien escucho todos los días. El fuego, con su rojo resplandor, me habla del amor de Dios y me recuerda que nunca debo permitir que mi amor se enfríe. Cuando por la mañana lo enciendo y veo surgir las llamas, pido a Dios que me permita ser fiel a mi ardiente primer amor. Si el fuego está a punto de extinguirse, pongo más leña en la cocina y hago una pequeña oración pidiendo las gracias que necesito para reavivar el mío, o pienso en los castigos del purgatorio y del infierno. Cuando el fuego ya está encendido, dejo que en mi alma brille, quieta y cálidamente, mi amor a Dios y a las personas. Y en la tarde, al apagarlo, recuerdo que un día yo también moriré.» (....)

El santo de la vida diaria no sólo sabe escuchar y entender a los muchos profetas de Dios que encuentra en el camino, sino que también responde con *el regalo de un amor cálido y con una vida de perfección*. Después de todo, su gran objetivo es lograr que todas sus acciones y sentimientos cotidianos, en cuanto sea posible, maduren y lleguen a ser un gran acto de amor y servicio a Dios. (....)

2.2. Vinculación sacerdotal a las cosas

Es tarea de todo sacerdote alabar a Dios y ofrecer estas alabanzas a la Santísima Trinidad en nombre de la Iglesia y de toda la creación. Incluso la naturaleza inanimada puede y debe participar en esta alabanza divina. Ésta es la razón por la cual las Escrituras nos dicen: «¡Que todo lo que respira cante alabanzas al Señor!» (Sal 150,6). Pero la creación puede hacerlo sólo en la medida en que el hombre se inspire en ella para alabar a Dios. Quien escucha esta silenciosa pero elocuente alabanza de la creación, y responde a su llamado entonando el sacerdotal «Bendito sea Dios», se vincula a las cosas sacerdotalmente. (....)

Una tormenta eléctrica en la noche, el mar con sus olas poderosas y el bosque susurrante quieren entonar un canto de alabanza a su Creador bondadoso, sabio y poderoso. Y parecen implorarnos que les prestemos nuestra voz, para que así se cumpla el propósito de su existencia. (....)

Pero no sólo las estrellas y los bosques y las flores están allí para alabar y glorificar a Dios; no sólo el mar y la tormenta necesitan una voz humana para expresar su alabanza. También los frutos de la cultura y de la industria comparten este anhelo: el fragor de los altos hornos y el automóvil, el teléfono y la radio también quieren cantar su alabanza al Dios sabio y todopoderoso. Como miembros de una era tecnológica, debemos aprender a prestar nuestra voz al tecleo de las máquinas de escribir y al estruendo de las fábricas; convertirnos en mediadores sacerdotales entre los bienes de nuestra cultura y el Creador. Porque sólo entonces se cumplirá el fin último para el que fueron creados. (....)

2.3. Vinculación heroica a las cosas

El santo de la vida diaria conversa con la naturaleza y la cultura y ayuda a que todas las cosas creadas alaben a Dios. Pero también sabe que no se puede cultivar una vinculación profética y sacerdotal a las cosas sin una vinculación heroica a ellas. Vinculación heroica significa saber desprenderse de las cosas creadas por el Dios personal y supremo. Si no somos capaces de renunciar a ellas, es imposible gozar de la creación en la forma que Dios quiere que lo hagamos.

Por eso, con frecuencia hablamos de la *simplicidad divina*. Esto implica algún grado de semejanza a Dios en su perfecta independencia de las cosas creadas, especialmente de las cosas de la vida cotidiana.

Cristo ilustró esta simplicidad divina en su vida terrenal y nos mostró cómo hacernos interiormente independientes y, al mismo tiempo, exteriormente desprendidos de las cosas. *Vinculación heroica a las cosas significa una renuncia agradable a Dios a las cosas creadas, a ejemplo del Dios-Hombre pobre, humilde, crucificado, o [de acuerdo] al espíritu de los votos que hayamos hecho; por ejemplo, libertad interior frente al apego desordenado al dinero y a los bienes, al honor y la estima, a los placeres de los sentidos. Si esta libertad es auténtica, debe probarse en acciones concretas* (....)

Cristo también enseñó lo que vivió. El capítulo quinto del Evangelio de san Mateo resume los fundamentos del cristianismo, empezando por las ocho bienaventuranzas. Éstas no dejan dudas acerca del verdadero espíritu de Cristo. Sin una vinculación a las cosas determinada por el amor, sin renuncia y negación de sí mismo, el anhelado espíritu de pobreza, contrición y paciencia no se puede alcanzar. El hambre y sed de justicia, la pureza del corazón, la misericordia y la paz, todos deben tener al desprendimiento como su constante compañero. (....)

El Señor nos advirtió que las cosas de este mundo pasan; ellas se corroen y son devoradas por las polillas (cf Mt 6, 19). Las cosas nos ponen en peligro de dividir nuestro corazón y robar una parte vital de nuestra entrega a Dios. No se puede servir a Dios y ser esclavo del dinero al mismo tiempo. Nuestra actitud debe ser de *una moderada solicitud por nuestra existencia y bienestar, unida a una actitud de libertad interior frente a los bienes terrenales y a un alto espíritu de confianza en la bondad paternal de Dios.* Si tenemos esta confianza, él obrará milagros antes de ver a sus hijos carentes de lo necesario. (....)

El santo de la vida diaria se esfuerza, de acuerdo a sus posibilidades y a su estado de vida, por vivir la actitud de Cristo frente a los bienes materiales. Lo hace impulsado por y en virtud de su amor a Dios.

Para él, el amor está por sobre todas las cosas. En su conciencia, todas las virtudes morales expresan su amor a Dios. El amor es «el vínculo de la perfección» que une, en el más alto grado posible, a Dios con el hombre, al hombre con el hombre, y a las virtudes individuales en el interior del hombre. La caridad es la reina de las virtudes. (...) Permite al santo de la vida diaria *vencer la raíz misma de todo abuso: la codicia; lo transforma en fuente de inspiración para su entorno, lejano o cercano; para la sociedad y el Estado; e impide que su vida de sencillez y pobreza lo transforme en un ser rudo e insensible.* (....)

2.3.1. Actitud ante la riqueza

Dios es el centro de la vida del santo de la vida diaria; su cálido amor y entusiasmo por Dios le impiden dar prioridad a los negocios o al afán de lucro.

San Francisco de Sales dice que «'ricos de espíritu' son aquellos que tienen las riquezas en el corazón o el corazón en las riquezas. Y 'pobres de espíritu' (cf Mt 5,3), los que no tienen las riquezas en el corazón ni el corazón en las riquezas. (....)»

El amor verdadero sabe compartir. Todo santo de la vida diaria, por tanto, da a Dios (fuente de su riqueza) derecho sobre sus posesiones y se sabe un mero administrador de ellas. Incluso, en medio de la riqueza, vive en sencilla dependencia de Dios, dador de todo bien. Como administrador de los dones de Dios, se preocupa especialmente por conservar y acrecentar estos bienes, tal como un jardinero cuida el jardín del rey con mayor fidelidad y diligencia que el propio. Además, no sólo paga a sus empleados un salario justo sino que también comparte con ellos sus ganancias. No le perturba verse privado de cosas necesarias o del respeto debido, o pasar desapercibido.

Porque es pobre de espíritu, el santo de la vida diaria se alegra cuando tiene la oportunidad de compartir con las personas que son verdaderamente pobres. Honra y ama a Cristo en el pobre; con ellos se siente a gusto, los ama especialmente pues recuerda las palabras de Jesús: «Todo lo que hicieren al último de mis hermanos, a mí me lo hacen» (Mt 25,40). Se siente honrado cuando puede prestar un servicio personal a los pobres, a los enfermos o a los que sufren alguna desgracia. (....) Al mismo tiempo, comprende que es nuestra naturaleza debilitada la que nos lleva a preocuparnos excesivamente por la propia salud o el buen nombre, por prever toda clase de calamidades o procurar riquezas para asegurar el futuro de nuestros hijos. Después de todo, Dios mismo quiere y debe cooperar en nuestro cuidado y nos ayuda a conseguir los bienes que necesitamos. Por eso, el santo de la vida diaria no *sobreestima los bienes materiales*. Sabe que éstos deben ser usados como una ayuda para cumplir la verdadera finalidad de la vida: *amar y dar gloria a Dios*. (....)

«Esto no quiere decir que los negocios o las actividades industriales y empresariales sean indignas; al contrario, a través de estas actividades aprendemos a venerar la santa voluntad de Dios. Después de todo, Dios puso al hombre en la tierra para satisfacer sus múltiples necesidades a través del trabajo. Tampoco está prohibido aumentar el propio bienestar, en forma honesta y digna, a aquellos que se dedican a la producción de bienes. Es justo que el que contribuye al bienestar de todos comparta el incremento de bienes y aumente su riqueza. Sólo se requiere que haya obtenido estos bienes con honestidad, cumpliendo la ley de Dios, y respetado los derechos del prójimo» (....) (Pío XI).

2.3.2. Actitud ante la pobreza

Si el santo de la vida diaria es pobre, si carece de bienes materiales, su cálido y profundo amor a Dios lo ayudará a centrarse en los bienes superiores y le dará una radical confianza en él. Pues no sólo la riqueza sino también la pobreza tiene sus peligros. Por eso las Sagradas Escrituras nos enseñan a rezar: «No me des ni pobreza ni riqueza; dame aquello que he de menester. No sea que harto, te desprecie y diga: ¿Quién es el Señor?» (Prov 30,8)

El santo de la vida diaria supera todas las dificultades gracias a la calidez de su amor a Dios. No es envidioso. ¡Qué son todos los bienes de la tierra comparados con Dios! Nadie puede privarlo de este bien supremo. Para él, la carencia de bienes materiales expresa su desapego interior y permite que su corazón esté libre para amar a Dios.

Para crecer en este amor, cultiva *la gratitud, el gozo y la confianza.* Agradece filialmente cada pequeño regalo, incluso las cosas más pequeñas. Sigue el ejemplo de san Francisco de Asís:

Un día, Francisco de Asís y el hermano Masseo llegaron con mucha hambre a una aldea. Allí pidieron pan, y se los dieron. En una fuente, en las afueras de la aldea, colocaron todo el pan en una piedra muy ancha y hermosa. De pronto, Francisco exclamó: «¡Hermano Masseo, somos indignos de un tesoro tan grande!». Y lo repetía una y otra vez. El hermano Masseo, moviendo la cabeza en señal de extrañeza y desaprobación, le contestó: «¿Padre, cómo puedes llamar a esto un tesoro si somos tan pobres, si carecemos de las cosas más necesarias? No tenemos ni mantel ni cuchillos ni mesa ni platos…» Y el santo le contestó alegremente: «Esto es lo que yo considero un tesoro, nada de lo que hay aquí fue hecho por mano humana, todo ha sido preparado por la Providencia. Desde toda la eternidad, Dios sabía que hoy llegaríamos con hambre y cansados a este lugar, y por eso hizo crecer estos árboles, para que nos dieran sombra; y puso aquí esta ancha piedra, para que fuera nuestra mesa; y para saciar nuestra sed, hizo brotar este manantial desde el fondo de la tierra. ¡Oh, Hermano Masseo, qué bueno es nuestro Dios![6]» (….)

---

6 Ver *«Las florecillas de San Francisco de Asís»,* Capítulo 13.

2.3.3. *Actitud ante el trabajo y ante el desempleo*

El santo de la vida diaria hace un *honrado esfuerzo para trabajar y ganarse la vida.* Cuando encuentra un trabajo, se dedica a él. No se desalienta pensando que su trabajo tiene poco valor. Después de todo, Dios lo ama y lo protege. «El hombre ha nacido para trabajar así como las aves han nacido para volar». «Quien no trabaja, que no coma» (2Ts 3,10). (....)

Si está cesante y sin sueldo, pone su inconmovible confianza en Aquel «que alimenta las aves del cielo y viste los lirios del campo» (cf Mt 6, 26.28) y para quien ni un gorrión cae a tierra sin su consentimiento (cf Mt 10,29), y quien nos enseña a decir: «Busquen primero el reino de Dios y su justicia y todas las cosas les serán dadas por añadidura» (Mt 6,33) (....) Pero ni aun así el amor de Dios le da descanso; no se da por satisfecho hasta cumplir el último deseo de Cristo: «Dad y se os dará, se os volcará en el regazo una buena medida, apretada, rellena, rebosante». (Lc 6,38). Por eso se alegra de compartir con los demás aunque sólo tenga un pedazo de pan, cumpliendo así el consejo de Juan Bautista: «Aquel que tenga dos túnicas, que las reparta con el que no tiene; el que tenga para comer, que haga lo mismo» (Lc 3,11). Y está consciente de que, cuando ayuda a sus hermanos y hermanas necesitados, está «tomando de la mano a Jesús», el primogénito entre todos los hermanos (Thomas de Kempis). Dice con el apóstol san Pablo: «Sé carecer de lo necesario y vivir en la abundancia; estoy enseñado a todas y cada una de estas cosas, a sentirme harto y a tener hambre; a nadar en la abundancia y a la estrechez. *Todo lo puedo en Aquel que me conforta».* (Flp 4, 12s.) (....)

2.3.4. *Actitud ante la injusticia social*

El mundo se estremece ante la urgencia de solucionar los problemas sociales. Si Dios nos diera más santos de la vida diaria en todas las clases sociales y profesiones, tanto en la clase empresarial como en la de los trabajadores, entonces la crisis que desestabiliza la sociedad podría solucionarse con mayor facilidad y rapidez. Un refrán inglés dice: «Los cristianos son la única Biblia que todavía se lee». Más que nunca, los santos de la vida diaria son la sal de la tierra y la luz del mundo. Ellos no hablan mucho sino que más bien actúan, rezan y en todo procuran agradar a Dios. El resultado es un cambio de actitud, tanto en sí mismos como en las personas que los rodean. Y así, poco a poco, desde las bases mismas de la sociedad se va preparando e iniciando una sólida reforma de las condiciones sociales. Los santos de la vida diaria son como la levadura que todo lo fermenta, dondequiera que estén; y optimistas, porque pertenecen a Dios y saben que en definitiva él triunfará. (....)

3. Vinculación al sufrimiento

Una antigua tradición enseña: *Ora et labora,* «¡Reza y trabaja!*[7]* Esta máxima ayuda a recordar constantemente dos elementos esenciales de la vida cristiana. Pero ¿por qué se ha omitido el sufrimiento? ¿Ha sido olvidado? Ser hombre significa sufrir; la cruz y el sufrimiento son rasgos dominantes que caracterizan la condición humana y así ha sido desde la caída de Adán y Eva. Sin embargo, el arte de sufrir bien es difícil, cuesta comprenderlo. Además, sucede que hoy la copa del sufrimiento de muchas personas está tan colmada

---

7   Lema de san Benito (c.480 - c.547) y de la Orden Benedictina.

que se hace necesario situar el sufrimiento, junto al trabajo y a la oración, como elemento esencial de las tareas de vida de los cristianos. En el pasado esto era tan obvio que no se necesitaba incluir el sufrimiento en la máxima *ora et labora* [pero hoy día necesitamos hablar de los tres: trabajo, oración y *sufrimiento*].

3.1. La vida cristiana es inseparable de la cruz

El cristiano y la cruz son inseparables. Ésta es la razón por la cual Cristo habla de la cruz como parte de la condición normal de la vida cristiana. Jesús fue categórico al afirmar: «Si a mí me han perseguido, ustedes también serán perseguidos» (Jn 15,20) y «No está el discípulo por encima de su maestro, ni el siervo por encima de su amo. El siervo debe esperar sufrir la misma suerte que su maestro». (cf Mt 10, 24s.)

Eugenio de Mazenod, fundador de los Padres Oblatos, dijo a un hermano que recién había recibido su cruz de profeso: «Debes crucificarte al reverso de tu cruz, porque un futuro misionero pertenece a la cruz» (....)

Todos los cristianos saben desde su niñez que la cruz y el sufrimiento son consecuencias del pecado original. En el bautismo, la sangre de Cristo nos libera del pecado original, pero sus consecuencias permanecen, y el pecado personal intensifica este efecto. Ciertamente, el pecado es la fuente del dolor de todas las naciones, y las naciones cristianas han pecado al igual que los cristianos como individuos. Esto explica por qué ambos [individuos y naciones] pueden llegar a sumirse en un océano de sufrimientos.

Debemos considerar, además, el gran misterio de nuestra incorporación en el Cuerpo de Cristo. Mientras seamos hijos de Dios, somos sus miembros. Es razonable, por tanto, que suplamos en nuestro cuerpo lo que «falta al sufrimiento de Cristo» (Co 1,24). La Iglesia debe llegar a ser como su Esposa, la que redime al mundo mediante su sufrimiento. En toda época ella lleva los rasgos del sufrimiento de nuestro Señor.

3.2. El sufrimiento en nuestro tiempo y sus desafíos

Hay épocas de la historia en que estos rasgos se intensifican, épocas en que la Iglesia y cada uno de sus miembros deben enfrentarse a la cruz en grado extraordinario. Hoy nos toca vivir estos tiempos, y prueba de ello son las intensas persecuciones que la Iglesia sufre en muchos países y los sufrimientos de expiación que muchas personas se sienten impulsadas a ofrecer, tanto en el mundo como en las comunidades religiosas.

Aunque los santos de la vida diaria sean maestros de la oración y modelos en el cumplimiento de sus deberes laborales, si no son héroes del sufrimiento dejan sin realizar una parte esencial de su trabajo cotidiano. *Ordinaria extraordinarie,* ¡hacer lo ordinario extraordinariamente bien! No sólo debemos cumplir la voluntad de Dios sino también sufrir por ella. Todos los aspectos de la vida, sin excepción, deben ser elevados a la perfección. De lo contrario, se puede hablar de santidad del día domingo o de las vacaciones, pero no de una auténtica santidad de la vida diaria. Ésta es la razón por la que el santo de la vida diaria da tanta importancia a aprender el arte de sufrir bien. (....)

3.3. Tipos de sufrimientos

El santo de la vida diaria puede decir: *Nada humano me es ajeno.* Todos los sufrimientos del ser cristiano y del ser humano, de cualquier estado de vida, sea del hombre, de la mujer o del trabajo, son suyos. El sufrimiento puede tener sus raíces en la culpa, en las desgracias o en la maldad humana. Los estados de ánimo, como el cambio de las estaciones, pueden intranquilizarnos. Las persecuciones, desprecios y todo tipo de calumnias pueden robarnos la paz del corazón. Las depresiones y horas de Getsemaní dejan nuestra vida interior tan profundamente desolada que sentimos cómo la sangre nos martilla las sienes y el corazón. Porque Dios quiere transformarnos en imágenes únicas de su Hijo, «poda la vid» (Jn 15,2), y a menudo dolorosamente. A veces nos deja en la oscura noche de los sentidos y de la inteligencia y nos expone al fuerte viento y a las olas del abandono divino. (....)

3.4. Efecto del sufrimiento en nuestro crecimiento espiritual

Mientras más intensa sea esta purificación, más perfectas, confiables y sólidas se tornarán las virtudes morales y teológicas en nosotros. El efecto del sufrimiento en el alma se puede comparar al de los vientos y tormentas en un roble nuevo. Los violentos golpes de la tormenta hacen que la savia y la vitalidad del árbol fortalezcan sus raíces, profundamente hundidas en la tierra; hacen que las raíces penetren más y más hondo, hasta que el tronco y la copa sean capaces, algún día, de soportar todas las tormentas. En forma similar, las tormentas del sufrimiento nos hacen fuertes, profundos y fecundos; ayudan a que las raíces del alma se hundan cada vez más profundamente en Dios, para que, cuando el alma esté firmemente arraigada en él, no haya poder sobre la tierra que pueda derribarla.

En Roma, en una antigua iglesia llamada *Dominus Sub Aquis —Nuestro Señor junto al Agua—* hay un hermoso crucifijo que ha consolado y ayudado a muchas personas. La leyenda dice que Bernardo, el artista, trató dos veces, con gran esfuerzo pero sin éxito, de esculpir la imagen que él tenía en su corazón. En ambas ocasiones le falló la mano y terminó quebrando el mármol. Muchos años más tarde lo intentó por tercera vez. Durante todos esos años, Dios lo había visitado con lluvias vivificantes, con calor que sana, con tormentas y tempestades, transformando la tierra estéril de su alma en terreno fértil. Bernardo había sufrido rechazos y la pérdida de su mujer y de sus hijos. Ahora era un hombre que rezaba mucho y daba a Dios más y más espacio en su corazón; y así, gracias al amor, sus penas se fueron dulcificando y transfigurando. Un día se dio cuenta de que el divino Labrador había abierto anchos surcos en su corazón y que ya estaba preparado para intentar su obra una vez más. Y en esa oportunidad tuvo éxito. La imagen del crucifijo esculpida en su corazón crecía como un árbol plantado cerca de las aguas del más puro amor. Los brazos del Salvador se extendían para abrazar a todos los hombres, su frente irradiaba perdón, sus ojos rebasaban compasión y su boca hablaba de misericordia. Sin embargo, las piernas del Dios-hombre se torcían de dolor, y todos los que miraban el crucifijo se sentían conmovidos y se arrepentían de sus faltas.

Sí, el sufrimiento es una gracia que nos hace fecundos, ricos y profundos. Esto no debe sorprendernos, pues el dolor nos obliga a practicar la virtud y permite que las semillas dormidas en nuestra alma, o apenas desarrolladas, florezcan con fuerza y lleguen a su plenitud. Si alguien no ha sido tentado ni probado por el sufrimiento ¿cómo puede entender a los demás? Sólo las virtudes probadas pueden considerarse heroicas y, en cuanto sea posible, realmente nuestras, para siempre. (....)

3.5. El sufrimiento y el amor

Cuando decimos que las virtudes deben ser probadas, no debemos olvidar a la reina de todas ellas: el amor. La escuela del sufrimiento es la *escuela del amor*. (....)

En la medida en que el santo de la vida diaria madura espiritualmente, el sufrimiento se va transformando en un *ardiente fuego de amor,* que el amor de Dios enciende en nosotros y que se alimenta del amor que nosotros retribuimos. El amor de Dios, lleno de ternura, nos envía el sufrimiento; y el amor del corazón humano lo acepta como un regalo del Padre que quiere conformar nuestra alma a imagen de su Hijo Unigénito.

Esto nos ayuda a entender mejor al santo Henry Seuse[8], de quien se dice que «Dios lo acostumbró a recibir un nuevo sufrimiento apenas el anterior había desaparecido». Dios lo trataba siempre de este modo, y sólo en

---

8   Henry Seuse (o Suso), OP (c. 1295-1366), dominico alemán y uno de los místicos más sobresalientes de la Edad Media.

una oportunidad le concedió un tiempo de descanso. Sucedió que en esa época visitaba un convento, y cuando sus hijas espirituales le preguntaron cómo estaba, él respondió, preocupado: «Temo que algo ande mal; han pasado cuatro semanas sin que nadie haya atacado mi cuerpo ni mi honor y tengo miedo de que Dios se haya olvidado de mí». Mientras Seuse estaba sentado cerca de la ventana llegó un hermano de su orden y le dijo: «Recién estuve en el castillo y el barón preguntó por usted. Estaba muy enojado y juró delante de todos los presentes que si lo encontraba, lo atravesaría con su espada. Algunos soldados y vecinos, que a usted le tienen mala voluntad, dijeron lo mismo, y con gran insolencia. ¡Si valora su vida debe esconderse!». Cuando el siervo de la sabiduría eterna escuchó estas palabras, respondió: «¡Alabado sea Dios!». Enseguida se dirigió a sus hijas espirituales y les dijo: «Adiós, mis hijas, sean fieles, cuídense. Dios se ha acordado de mí, no me ha olvidado».

3.6. El libro del sufrimiento

Quienes quieran lograr una mayor comprensión del misterio de la cruz deben profundizar su sentido y meditar acerca de su sabiduría y poder. Entonces se lamentarán con san Pablo, cuando dice: «Pues muchos viven según os dije tantas veces, y ahora os lo repito con lágrimas, como enemigos de la cruz de Cristo» (Flp 3, 18). Con Paulo distinguen dos clases de enemigos de la cruz del Gólgota: «La cruz», declara el apóstol de las naciones, «es escándalo para los judíos y necedad para los gentiles» (1Co 1,23). También hoy muchos consideran a Cristo y su cruz como necedad pues se creen capaces de redimirse a sí mismos. A otros les escandaliza y huyen de ella porque su lenguaje es demasiado serio, demasiado austero. Pero para nosotros, «los que hemos sido llamados», como continúa san Pablo, la cruz es «sabiduría y poder de Dios» (1Co 1, 24). Después de todo, Cristo no vino a establecer un imperio político sino a conquistar los corazones de los hombres. Y para lograr este fin empleó el mejor y más eficaz de los medios: la entrega sin reservas de la propia vida, por amor. Porque el corazón humano se entrega sólo cuando se siente amado profundamente y en forma tangible.

Capítulo 4
VINCULACIÓN AL PRÓJIMO

La tercera parte de la *Santificación de la vida diaria*[1] se centra en el amor o vinculación al prójimo, distinguiéndose entre amor natural (amor), racional (dilectio) y sobrenatural (caritas). En primer lugar se presentan los fundamentos bíblicos de este tema y luego los filosóficos. La santidad de la vida diaria debe integrar estos tres tipos de amor, y aquí se da la debida importancia a los tres, aunque se destaca al amor sobrenatural porque expresa el amor al prójimo en el pleno sentido cristiano de la palabra.

---

1   *Wertagsheiligkeit* (1978), p. 176, 178-180, 192s. (A), 193s., 197, 198, 206, 208, 209s., 211s., (B) 212-214, 220, (C) 226-231, 232-234, 237-239, 243-245, 254, 256, 257s., 259-261, 262.

I.   El sello de los discípulos de Cristo

El santo de la vida diaria respeta el orden de ser objetivo de todas las cosas, incluso en sus ínfimos detalles; es un perfecto realista en cuanto a lo natural y a lo sobrenatural. Así como discierne la voluntad de Dios y responde generosamente cuando descubre su llamado en la naturaleza, vocación, sexo y país, también en la oración y el trabajo se guía por la realidad sobrenatural que descubre en las Sagradas Escrituras. Esto hace que sus esfuerzos y aspiraciones, su oración y su trabajo reciban la profunda influencia del Dios-Hombre. (....) Vicente Pallotti[2] lo expresó en pocas palabras: «*Modellum nostrum Christus est*», Cristo es nuestro modelo. Él es el modelo, la norma y ejemplo que debe formar y conformar nuestra vida y carácter. (....)

¿Cómo debiera responder el santo de la vida diaria a sus mandamientos y consejos, para así estar siempre alegre y abierto a todas las cosas buenas? El mismo Señor da la respuesta al referirse al vínculo que mejor une todas las virtudes (Col 3,14), al compendio de todos los mandamientos (Mt 22,40): al *amor*. El amor es el primer mandamiento (Mc 12,30), el significado y el fin (1Tm 1,5), el perfecto cumplimiento de toda ley (Rm 13,10). (....)

Jesús mismo nos enseñó que el amor es el sello que distingue a sus discípulos. Esencial a este amor es *el amor al prójimo,* que brota y se nutre de un auténtico amor a Dios. El amor a Dios y al prójimo conforman el primer y princi-

---

2   San Vicente Palloti (1795-1850). Sacerdote italiano, fundador de la Sociedad del Apostolado Católico (SAC), también conocida como Palotinos. El P. Kentenich perteneció a esta comunidad hasta el año 1965.

pal mandamiento de la ley de Dios: amar a Dios y al próji-mo. (....). Jesús enfatizó la fundamental importancia de este mandamiento cuando dijo: «Ámense los unos a los otros. Como yo los he amado, así deben amarse». (Jn 13,34). Y cuando san Juan dice: «Dios es amor» (Jn 4,8), resume la gran ley fundamental que gobierna la vida y actividad de Dios y la vida y actividad de Cristo.

Por tanto, el amor es la principal razón de toda *actividad divina*. Sus demás atributos, como la justicia y la omnipotencia, tienen su origen en el amor. En último término, todo lo que Dios hace es por amor, a través del amor y para el amor. Por amor él nos creó y nos envió al Redentor: «Tanto amó Dios al mundo que envió a su Unigénito» (Jn 3,16), y también por amor nos envió el Espíritu Santo. En definitiva, el amor motiva todo lo que Dios decide y permite, todo lo que afecta nuestras vidas.

Dios es amor. Ello explica la vida de Cristo y sus enigmas. Verdaderamente, él es el amor del Dios eterno y encarnado y, en su naturaleza humana, la concreción perfecta de la ley fundamental de toda la creación.

II. El mandamiento nuevo: ámense unos a otros

Cristo califica como *nuevo* el mandamiento del amor al prójimo: "Os doy un mandamiento *nuevo:* ámense los unos a los otros» (Jn 13,34). Nuestra primera reacción es preguntar: ¿es que antes no existía amor al prójimo en el mundo? El Señor mismo nos da la respuesta, breve y concisa: «¡Ámense los unos a los otros *como yo los he amado!*» El amor como tal no es nuevo, la novedad radica en la clase de amor que enseñaron y practicaron Cristo y sus discípulos, un amor cualitativamente diferente del amor natural y racional que se da y practica fuera del cristianismo.

La psicología y pedagogía cristianas distinguen tres tipos de amor: el primero y más elevado es el amor sobrenatural, una virtud cristiana, en latín *caritas;* el segundo es el amor racional, una virtud natural, en latín *dilectio;* y el tercer tipo de amor es la moción o pasión natural, en latín *amor.*

«Pasión» es todo movimiento fuerte del apetito sensible. Hoy, la mayoría de las personas da al término «pasión» un significado totalmente diferente, pero como dice el apologista católico, Weiss[3]: «Uno no debiera evitar el uso de este término, aunque la malicia humana le haya dado una connotación equívoca; no debemos confundirlo con esa profanación del corazón, esa muerte de la virtud, con la lujuria que con frecuencia se describe, engañosamente, con la palabra «amor». Cuando hablamos de amor como pasión o sentimiento, queremos referirnos a esa emoción natural, a esa inclinación y movimiento espontáneo hacia cierto objeto o persona, que se despierta en nuestro corazón cuando descubrimos algo bueno, hermoso o atractivo».

1. Amor natural

Con frecuencia, este tipo de amor se define como «instintivo» o «perteneciente al ámbito de las inclinaciones o apetitos». Implica lazos de sangre o afinidad espiritual. Su contrapartida es el amor esclarecido, purificado y transfigu-

---

3   Albert Maria Weiss, OP (1844-1925), apologista católico alemán, autor de los cinco volúmenes de *Apología del Cristianismo.*

rado. Ambos se relacionan mutuamente, como el apetito a la virtud, el instinto a la voluntad.

El santo de la vida diaria no trata de reprimir esta inclinación instintiva y natural del amor, más bien considera su tarea ennoblecerla, clarificarla y transfigurarla.

El amor natural tiene tres características: es primitivo, estrecho y egoísta. Ello significa un gran desafío para el santo de la vida diaria, que lo obliga a autoeducarse a fin de superar estas tendencias del amor natural.

1.1. Amor primitivo

Es fácil ver el aspecto primitivo del amor natural. Pensemos, por ejemplo, en la atracción de los sexos, el amor a los padres, el amor a los hijos, a los amigos, a la patria. Esta inclinación natural o instintiva es la que impulsa a las personas a relacionarse sin premeditación ni conciencia alguna; situado en la esfera de lo instintivo, este amor ciego y primitivo ejerce una extraordinaria influencia en la inteligencia y el espíritu. A la vez, constituye un gran desafío para los educadores pues, bien encauzado, constituye una fuerza creadora sin paralelo en la preservación, expansión, perfeccionamiento y crecimiento espiritual de la existencia humana. Este instinto, por ejemplo, asegura la reproducción de la especie humana y el cuidado de la infancia.

El santo de la vida diaria ve este amor como *«un llamado de Dios»* [a la puerta de su corazón] y comprende el papel fundamental que juega en la orientación e intensidad del amor al prójimo. Pero también sabe que es como un campo fértil pero sin cultivar, cubierto de malezas, en el cual debe centrar su autoeducación. Hay medios naturales y sobrenaturales que, bien empleados, pueden ayudarnos a cultivar este campo y cosechar abundantes frutos. ¡Felices aquellos que poseen un instinto fuerte y grande para amar! Este instinto puede provocar momentos de crisis, pero la gracia de Dios, unida a una cooperación humana, prudente y fiel, puede producir grandes frutos para la vida entera. (....)

1.2. Amor estrecho

Como todo instinto, un amor meramente instintivo y primitivo es estrecho; dejado a su suerte, no logrará superar ciertas limitaciones innatas. Por eso, el santo de la vida diaria, que busca la perfección en todos los campos, sabe que en esto se abre un nuevo aspecto de su autoformación, y que puede pasar mucho tiempo antes de ser capaz de amar a todas las personas con un amor auténticamente cristiano.

La experiencia cotidiana nos enseña cuán estrecho puede ser el amor primitivo. Si no lo educamos, nuestra tendencia natural a amar y compartir nuestra vida con otros se reducirá a un círculo muy pequeño de personas. Un amor maternal totalmente primitivo (....), por ejemplo, que busca desesperadamente afirmarse en el hijo, puede llegar a ser malsano, estrecho, opresivo y chato, y debe ser rechazado como patológico y egoísta. Un amor filial, matrimonial o de amistad sin educar, se enreda en interminables malentendidos, celos y discusiones; mientras más estrecho y exclusivista es el instinto, más atacará y ofenderá al otro. (....) Sólo el amor querido por Dios y vinculado a Dios nos hace libres, felices y fecundos. (....)

El cristianismo rompe la estrechez del amor primitivo, pues a la luz de la fe comprende la igualdad de las personas, su grandeza y dignidad como hijos de Dios. La estrechez de la voluntad y del corazón se derrite, igual que el hielo al calor del sol, cuando Dios, quien no desprecia nada de lo que ha hecho y ama a todo y a todos, toma posesión del alma.

Todo esto nos lleva a confirmar la gran dignidad de las personas y a aspirar a un nuevo ideal de comunidad cristiana inspirado en la Santísima Trinidad: una comunidad lo más perfecta posible, fundada en personas individuales tan perfectas como sea posible, enteramente formada y conformada por la ley fundamental del amor. (....)

1.3. Amor egoísta

Todo amor terrenal es egoísta y orientado a la propia persona. A menos que trascienda lo meramente natural, el amor se verá deformado por el egocentrismo, por la obsesión del propio yo. Para evitar que el sano amor propio se vuelva enfermizo, el santo de la vida diaria lo pone al servicio de Dios.

No necesitamos detenernos demasiado en lo que es el egoísmo. Un ejemplo clásico es el de la madre que se aferra al hijo aun cuando sea necesario dejarlo libre para que crezca y se desarrolle en forma normal (....). El amor filial o el amor de amistad también puede transformarse en un amor egoísta que constantemente requiere atención, comunicación y compañía, sin preocuparse de la salud, de la vocación o profesión del otro. El amor primitivo, ya sea amor filial o de amistad, a menudo causa graves daños a la vida de la comunidad; puede generar desacuerdos, desavenencias, sensualidad, falta de disciplina, flojera e ineficacia. ¡Cuántas cosas positivas han quedado sin realizarse en el mundo y en la Iglesia a causa del amor primitivo! Éste se manifiesta de muchas maneras, a veces como egocentrismo individual, a veces como egoísmo colectivo. Incluso se puede hablar de egoísmo de comunidades religiosas enteras. Este amor no discrimina entre palacios, conventos ni chozas. (....)

El santo de la vida diaria entiende los conceptos de san Francisco de Sales respecto de este tema, y se esfuerza en educar el amor a sí mismo guiándose por tres principios fundamentales:

Primero, cree en el *gran valor de un amor a sí mismo ordenado* y en que no existe en la tierra un amor totalmente desinteresado. Por eso, con la ayuda de la gracia, se esfuerza en alcanzar el grado de amor más elevado, aunque sin despreciar el amor concupiscente[4]; sabe que hay etapas del desarrollo en que no se puede subir más alto, y que incluso muchas personas nunca pasan más allá de este grado de amor. Para ellos ya es un gran logro amar a Dios y observar sus mandamientos motivados por un interés personal, ya sea el de hacerse más ricos, más maduros, más perfectos, más puros o más fuertes. (....)

---

4   O amor de deseo. Es el primero de los cinco grados por los que pasa el amor, el cual crece desde un amor totalmente centrado en sí mismo al amor centrado en el otro (ver la versión total en *Santificación de la Vida Diaria,* p. 45-47): 1) amor concupiscente o amor de deseo, motivado por el propio interés; 2) amor de complacencia, motivado por el deleite que le produce el otro; 3) amor de benevolencia: quiere todo lo bueno para el otro; 4) amor de semejanza: la propia voluntad se identifica totalmente con la voluntad del otro; 5) amor de amistad: me doy enteramente al ser amado.

Jesús, en sus sermones, con frecuencia se refería a la prosperidad y felicidad personales. Para despertar en sus seguidores el anhelo de una vida moral más elevada, les hablaba de la recompensa a la que se harían merecedores –y una recompensa centuplicada– o de la suavidad de su yugo, o de la participación en su juicio, o del don de la paz. Y sus apóstoles también en esto siguieron su ejemplo.

Como ser creado y finito, el hombre, a diferencia del Dios Trino, no es autosuficiente. Todas las fuerzas instintivas de su ser –la de existir, de amar, de dejar su huella en el mundo– buscan desarrollarse, llegar a la perfección y encontrar la felicidad, y tienden a retornar a su fuente de origen: Dios. Éstas son las fuerzas elementales del alma que generan un poderoso anhelo de darse enteramente a Dios.

El santo de la vida diaria usa estas fuerzas en su autoeducación, aunque en forma prudente y teniendo ambos pies en la tierra. También las pone al servicio de la educación de las personas que le han sido confiadas, adaptándolas cuidadosamente a las necesidades de cada cual. De esta manera experimenta, en su propia vida y en los demás, la profunda verdad que contienen las palabras de san Agustín: «¡Oh Dios, creaste nuestros corazones para ti, e inquietos estarán mientras no descansen en ti»!

Al aplicar estos principios a la vida diaria, *no renuncia ni a priori ni en general a ningún amor ordenado*. Antes de renunciar al amor [a una forma determinada de amor], debe discernir claramente si Dios le habla a través de las circunstancias concretas o de una inspiración interior. Después de todo, el amor eterno ha orientado la naturaleza humana al amor y ha hecho del instinto de amar una de sus inclinaciones más esenciales. De ahí la sabiduría de san Ambrosio al decir que: «Nada es más provechoso que ser amado y nada más inútil que querer renunciar al amor». Renunciar al amor sólo se justifica si Dios nos muestra claramente su deseo de que renunciemos a un afecto específico.

No obstante, el santo de la vida diaria *se esfuerza en no alimentar el deseo de recibir atenciones especiales,* es decir, se cuida de no desear un amor que esté fuera de los límites dados por Dios, según su estado de vida o en una relación particular. (....)

Por tanto, el santo de la vida diaria se atiene al siguiente principio, que considera como ley inmutable: cuando me siento especialmente bien con alguna persona (o personas), me aseguro de verla en el contexto de mi honda vinculación con Aquél de quien esta persona es sólo un pálido reflejo, y en quien todas las perfecciones se juntan, como en un océano, y ante quien todo afecto terreno no es sino una pequeña gota.

El trato externo, a su vez, debe regularse por los principios de delicadeza, reserva interior y pudor en el contacto físico, de acuerdo al estado de vida. (....)

El santo de la vida diaria pone todo su esfuerzo en liberarse de cualquier amor desordenado a las creaturas. San Juan señala el camino a seguir con estas palabras: «No amen el mundo ni las cosas que hay en el mundo. Si alguno ama el mundo, el amor del Padre no está en él. Puesto que todo lo que hay en el mundo —concupiscencia de la carne, la concupiscencia de los ojos y la jactancia de las riquezas– no viene del Padre sino del mundo». (1Jn 2,15s)

Aun más, debiera liberar su corazón de todo amor meramente natural o racional, incluso a los padres, hermanos, hermanas y parientes, a los superiores y subordinados, a los hermanos o hermanas de comunidad. Una intensa vida de oración le ayuda a agudizar la mirada y a distinguir toda forma de egocentrismo, por sutiles e intrincadas que sean las muchas formas que éste toma. Egocentrismo es realizar buenas obras, pero no tanto por Dios y lo divino sino por *la propia y natural satisfacción*. Este egocentrismo puede manifestarse en superiores jerárquicos que abusan de su posición a fin de satisfacer, en primer lugar, sus propias necesidades a expensas de sus subordinados, o en cualquiera que sacrifique al prójimo en aras de sus propios intereses.

La vida cotidiana ofrece muchas oportunidades de buscar ventajas personales, especialmente en la vida comunitaria. Uno puede escoger el mejor trabajo, la mejor pieza, la mejor posición, el mejor equipamiento, y dejar lo menos bueno a los demás. O causar molestias con costumbres desagradables, como la falta de orden y limpieza. Si por comodidad soy incapaz de mejorar mi forma de vivir, son los demás quienes sufrirán las consecuencias.

El santo de la vida diaria nunca deja pasar la oportunidad de hacerse grande siendo fiel en lo pequeño, que tan fácilmente pasa desapercibido. A fin de superar su propio egocentrismo, hace diligente uso del *agere contra*[5], soportando

---

5   Significa no ceder solamente a las propias inclinaciones, sino que, en forma esclarecida, hacer sacrificios y actuar de acuerdo a valores que van más allá de lo que a uno le agrada o desagrada.

con alegría las pequeñas contrariedades que le ocasionan los otros y esforzándose para conversar y trabajar con personas que le son poco simpáticas o que lo han ofendido.

Pero estas cosas no bastan. Dios mismo debe intervenir y nos envía desilusiones, de otra forma no podríamos alcanzar el grado de desprendimiento que necesitamos para pertenecer totalmente a Dios.

2. Amor racional

El amor racional se distingue fácilmente del amor natural y sobrenatural. El amor natural implica sentimientos espontáneos e irracionales del corazón. El amor racional es auténtica virtud. Encauza y conforma los sentimientos irracionales con una mente esclarecida y una voluntad firme. Pero como su fundamento, motivación y metas son naturales, es una virtud natural, a diferencia del amor sobrenatural, que siempre se guía por la fe y la gracia.

En términos muy generales, «racional» designa aquellas acciones motivadas por razones naturales y en las cuales intervienen nuestras facultades racionales (....). El amor al prójimo también es racional en la medida en que esté motivado por la razón y no esté iluminado por la luz de la fe ni reciba la ayuda de la gracia. La razón para amar puede ser el lograr *dones o ventajas racionales o evitar un mal racional.*

Los *dones racionales* pueden beneficiar al cuerpo, al espíritu o a ambos. Los dones del cuerpo pueden consistir en una apariencia agradable, un rostro de facciones hermosas, una figura atractiva o un vestuario elegante. Nuestro espíritu, a su vez, puede sentirse atraído por cualidades tales como una mente clara, una voluntad firme o un corazón generoso. Hay también dones que son a la vez físicos y espirituales, tales como la creatividad artística, el encanto personal, el arte de la conversación interesante y agradable, etc.

Las *ventajas racionales* pueden consistir en lograr una mejor posición social, mayor seguridad económica, aumentar los propios conocimientos, etc.

El Señor se refiere al amor racional cuando dice: «Si ustedes sólo aman a aquellos que los aman a ustedes, ¿qué mérito hay en ello? ¿No hacen lo mismo los cobradores de impuestos? Y si ustedes sólo saludan a sus hermanos, ¿qué mérito tiene eso? ¿No hacen lo mismo los paganos?» (Mt 5, 46s). El amor racional se enseñó y practicó en toda la antigüedad pagana. Cuando el amor sobrenatural ya no motiva a las personas, las naciones cristianas apelan al amor racional como el único medio de vencer los estrechos intereses nacionalistas. Para unir a los pueblos, en algunos lugares se apela a «la gran familia humana»; en otros, a la «solidaridad por la paz», al ideal de transformar la tierra en un «paraíso libre de sufrimientos» o a la necesidad de respetar los derechos humanos básicos de libertad, igualdad y fraternidad.

El santo de la vida diaria sabe juzgar correctamente el amor racional al prójimo y aplicarlo debidamente. No subestima su poder ni eficacia a corto plazo (....), pero sabe que difícilmente podrá sostenerse en el largo plazo.

Puesto que el santo de la vida diaria es realista y tiene una auténtica vida de fe, está consciente de las limitaciones del espíritu humano; reconoce el egoísmo innato del corazón humano y las tristes miserias de la naturaleza humana.

Este egoísmo era muy bien conocido en el mundo antiguo. Hombres como Aristóteles y Cicerón alababan, aprobaban y fomentaban el amor racional por considerarlo beneficioso para el Estado y un principio de unidad entre las naciones. Sin embargo, reconocían que el egoísmo hace casi imposible lograr esta unidad en el mundo real. Según su visión, incluso el amor al prójimo era básicamente una forma de egoísmo. Los filósofos modernos son más crudos, llaman a la virtud racional hipocresía y necedad. Consideran que nadie ama a un amigo si no es por un motivo egoísta. (....)

Sin embargo, estas filosofías no logran matar la fe y la ilusión del santo de la vida diaria (....) Cree en la bondad de la naturaleza humana y sabe cómo descubrirla una y otra vez en medio de la miseria y la necedad. Su mayor seguro contra la tentación de desesperarse es una visión cristiana de la vida, la cual le permite ver y amar a los demás a la luz de su vinculación sobrenatural con Dios.

3. Amor sobrenatural

A estas alturas ya hemos visto en qué consiste y cómo se manifiesta el genuino amor cristiano, sobrenatural, al prójimo, al compararlo con el amor natural y racional. No obstante, esta clase de amor es tan importante que merece que nos detengamos a considerar sus rasgos más importantes.

De lo antes dicho, podemos deducir que el amor cristiano se caracteriza por ser novedoso y radical debido a su *universalidad, su excelencia y su motivación.*

3.1. Un cristiano ama todo sin excepción

Porque Dios ama todo lo que él creó, y porque el Dios-Hombre murió por todos sin excepción, el amor sobrenatural no puede excluir a nadie, sean cristianos, judíos o paganos, ricos o pobres, amigos o enemigos, personas atrayentes o repulsivas. (....)

En el amor hay un orden. Ante todo, debemos amarnos a nosotros mismos. Cristo ratifica este principio cuando dice: «amarás a tu prójimo como a ti mismo» (Mc 12, 31). Luego vienen aquellos a quienes nos unen lazos de sangre, amistad o simpatía. Como dijimos anteriormente, estos vínculos naturales son como una «llamada de Dios» que nos ayuda a moldear la intensidad y forma de nuestro amor.

Un proverbio inglés dice que «el amor comienza en casa». Las personas que por llenarse de actividades apostólicas o trabajos de caridad descuidan su hogar o a las personas que tienen más cerca, debieran meditar este proverbio. San Francisco de Sales comparte este criterio cuando dice: «De todas las personas que se incluyen en la palabra *prójimo,* a nadie le corresponde más que a aquellas con quienes vivimos».

El término «prójimo» también incluye a quienes nos han hecho daño, ya sea por falta de caridad, ofensas, insultos o actos injustos, tales como robos o calumnias. Pero nosotros los llamamos enemigos.

Debido a la facilidad con que la naturaleza humana se defiende de sus adversarios y a que ello nos impide amar hasta las últimas consecuencias, Cristo amplió la ley del amor al prójimo e incluyó también a los enemigos (Mt 5,44). Al mismo tiempo, Jesús nos muestra y nos ayuda con su ejemplo a actuar de acuerdo a este mandamiento. La Sagrada Escritura nos dice que él rezó por sus enemigos, les hizo el bien, sufrió y murió por ellos. Todo el que actúa así puede descansar seguro: «Si perdonan a los hombres sus ofensas, también los perdonará a ustedes el Padre; pero si no perdonan a los hombres sus ofensas, tampoco el Padre perdonará las suyas» (Mt 6,14s.). (....)

3.2. La excelencia del amor cristiano al prójimo

San Juan va a lo medular del amor cristiano cuando declara: «En esto hemos conocido el amor: en que él ha dado su vida por nosotros; y nosotros debemos dar la vida por nuestros hermanos» (1Jn 3,16). Ésa es la conclusión lógica de las palabras del Señor: «Ámense unos a otros como yo los he amado» (Jn 15,12). El amor sobrenatural al prójimo, por lo tanto, alcanza el grado de amor más alto: el sacrificio de la propia vida. (....)

Quien quiera llegar a este nivel de excelencia debe empezar por los actos de amor más sencillos y comunes, tanto internos como externos.

Los actos internos de amor incluyen un profundo respeto por todos y cada uno de los seres humanos, pues fuimos hechos a imagen de Dios y somos objeto de su amor; y en esto, además, debemos esforzarnos por alcanzar el amor de complacencia y el amor de benevolencia.[6]

---

6   Se trata de pasar desde un amor motivado por el propio interés a otro que genuinamente se deleite en el ser amado y que desee colmarlo de bienes.

El amor sobrenatural se alegra con el éxito de los demás y con los bienes sobrenaturales que Dios les regala, pues ellos proclaman la gloria de Dios; les desea el bien del cuerpo y del alma y reza por sus intenciones; se entristece por sus faltas y debilidades porque, a causa de ellas, Dios recibe menos amor y gloria. Y así se cumple el consejo del apóstol: «Revestíos, pues, como elegidos de Dios, santos y amados, de entrañas de misericordia, de bondad, humildad, mansedumbre, paciencia» (Col 3,12).

Estos actos internos de amor ayudan y acompañan siempre los actos externos de amor. Por eso san Juan dice: «Hijitos míos, no amemos de palabra ni de boca sino con obras y según la verdad» (1Jn 3,18).

3.3. La motivación del amor cristiano al prójimo

En su respuesta a los escribas sobre cuál es el primer y mayor mandamiento, Cristo mismo dice con meridiana claridad porqué y cómo debemos amar al prójimo, nos muestra de dónde proviene este amor y nos señala su eficacia: «El otro (mandamiento) es semejante a éste: amarás a tu prójimo como a ti mismo...»

3.3.1. La fuente del amor

El amor a Dios y el amor al prójimo son, en definitiva, uno y el mismo; son hermanos gemelos. Como los teólogos nos enseñan, su objeto formal, Dios, es el mismo aun cuando el objeto material sea diferente.[7] El amor al prójimo, por lo tanto, se origina en el amor a Dios.

---

7   «Objeto material» se refiere al objeto inmediato de la voluntad; el «objeto formal», a su objeto o fin último.

La experiencia nos muestra que nuestro punto de vista incide en la forma en que percibimos nuestras circunstancias, las cosas y personas que nos rodean. El sol es 1.300.000 veces más grande que la tierra, pero lo que nosotros vemos es un disco no más grande que un plato extendido. Por otra parte, el pequeño trozo de la tierra en la cual estamos parados ocupa todo nuestro campo de visión. Nuestros intereses personales tienen en nosotros un efecto similar: absorben de tal modo nuestra atención y energía que ignoramos completamente los intereses de los demás, aun cuando sean mucho más importantes y urgentes que los nuestros, o simplemente los vemos como intrascendentes e insignificantes.

La única forma de cambiar de actitud es adoptar un punto de vista neutral, que supere los estrechos horizontes de nuestro egocentrismo y nos permita apreciar la realidad en su verdadera perspectiva. Un punto de vista neutral implica no centrarse en uno mismo ni en las personas que nos rodean, sino trascender ambas perspectivas para situarnos directamente en el terreno firme de Dios. En él todas las cosas adquieren su debida dimensión, pues Dios es la norma de todo. Esto también se aplica a la forma en que debemos vernos los unos a los otros: porque él nos ha hecho sus hijos, miembros de Cristo y templos de la Santísima Trinidad, todos somos una nueva y notable creación del amor divino. Y así, mientras más cerca del Dios de amor estén nuestra mente, nuestra voluntad y nuestro corazón, más cambiará nuestra visión de las cosas, pues los criterios de Dios son de luz y vida. Sólo entonces adquiriremos una medida suficiente de sabiduría como para juzgar y evaluar las obras de sus manos. Dios nos ama a cada uno como a la pupila de sus propios ojos, a pesar de nuestra debilidad; hemos sido rescatados a un gran precio, con la sangre de su Hijo Unigénito, y él constantemente nos alimenta con su vida para que un día podamos participar en la eterna comunión de su vida y de su amor. (....)

El santo de la vida diaria ama a su prójimo porque y cómo Dios lo ama. A causa de ello, nuestro amor adquiere la altura, la amplitud y la profundidad queridas por Dios. Nuestro amor llega a ser semejante al amor de Dios: tolerante, servicial, comprensivo, preocupado, conciliador e indulgente. Las propias y pequeñas dificultades y necesidades desaparecen ante las preocupaciones de la gran familia de Dios en la tierra; surgen las grandes leyes que rigen el orden establecido por Dios, en un mundo nuevo de insospechados y amplios horizontes. A la luz y en el amor del Dios infinito, las deficiencias y limitaciones naturales, las imperfecciones morales, ofensas e insultos, incluso la misma enemistad, se vuelven pequeñas e insignificantes. El Todopoderoso no nos retira su amor a causa de nuestras deficiencias y miserias, pues su amor no es ni estrecho ni mezquino sino que abarca todo el cielo y la tierra. Sólo entonces empezamos a comprender la profundidad de lo que san Juan escribió: «Sabemos que hemos pasado de la muerte a la vida porque amamos a nuestros hermanos». (1Jn 3,14)

La vida que teníamos antes de verla en Dios, repentinamente se nos aparece como una serie de actos realizados a la sombra de la muerte. Sólo entonces, después de haber integrado amor al prójimo y amor a Dios, empieza para nosotros la verdadera vida; sólo entonces podemos decir con san Vicente de Paul: «Un cristiano sin amor al prójimo no es un cristiano auténtico, es un cristiano dibujado». (....)

El santo de la vida diaria siempre pone el acento en el amor. Incluso pone sus estudios y conocimientos religiosos conscientemente a su servicio, pues para él adquieren verdadero sentido en la medida en que le ayudan a perfeccionarse en el amor. No queremos ser como aquellos cristianos que leen muchos libros religiosos, que piensan y discuten sobre toda clase de temas teológicos, pero nada saben del amor verdadero. Tales cristianos son comparables a un artista que trabaja toda su vida preparando sus pinceles y pinturas, pero nunca llega a producir ni una sola obra de arte. O a un hombre muerto de sed en el desierto que, al encontrar un oasis, se limita a razonar sobre la esencia filosófica del oasis en vez de beber de su agua. (....)

3.3.2. Los efectos del amor

San Agustín va más lejos cuando dice: «Ama y haz lo que quieras»[8], pues estaba consciente de la fuerza unitiva y asemejadora del amor[9]. Estaba convencido de que quien ama verdaderamente a Dios querrá en todo hacer sólo su voluntad. De ahí que «ama y haz lo que quieras» significa: ama, y automáticamente harás las cosas que Dios espera de ti. Este pensamiento resume el *Himno al amor* de san Pablo: «El amor es paciente... el amor todo lo cree... todo lo espera... el amor nunca se acaba» (1Co 13, 4-8). En este cántico todas las virtudes aparecen como variaciones del amor, no porque Pablo desconozca el valor ni la fuerza motivadora

---

8 Comentario sobre 1Jn 7,8 (PL 35, 2033). En latín: *«Ama, et fac quod vis»*.

9 El amor es un poder que nos une y nos asemeja al ser que amamos.

de las otras virtudes, sino porque quiere dejar en claro cuán fecundo hace el amor todos nuestros esfuerzos por alcanzar la santidad. (....)

a. El amor vence el pecado

[Por ejemplo], el catecismo nos enseña que el amor puede borrar el pecado. En verdad, un acto de contrición perfecta nos libera del pecado mortal, siempre que lo confesemos tan pronto como sea posible. Más aún, mientras más cálido sea nuestro amor, más merecedores de perdón nos haremos. Así interpretan los teólogos las palabras de Cristo a María Magdalena: «Porque ha amado mucho, le son perdonados sus muchos pecados» (Lc 7, 47) y las palabras de san Pedro: «El amor cubre multitud de pecados». (1P 4,8)

Los santos de la vida diaria toman muy en serio estas verdades. Son maestros y apóstoles de la contrición perfecta, por amor. No sólo la practican con frecuencia sino que también la promueven, siempre que sea posible, entre los niños y los adultos, y especialmente entre los enfermos y moribundos.

b. El amor nos protege contra la antipatía, la envidia y los celos

Un amor fuerte y poderoso también nos protege contra muchas debilidades y pecados, incluso contra las faltas ocultas que provienen del odio, la envidia y los celos. Hay muy pocas personas, incluso entre los fieles, capaces de evitar estas tres debilidades contra el amor; la mayoría sucumbe ante ellas sin darse cuenta. (....)

La *antipatía* causa mucho daño en todos los aspectos de la vida. Es un rechazo emocional a todo lo que consideramos deforme, feo, repulsivo u odioso. Puede surgir ante una deformación física, una conducta desagradable, faltas morales, limitaciones, prejuicios o injusticias imaginadas o reales. Tales sentimientos no son pecaminosos mientras no afecten nuestro entendimiento, voluntad y conducta, o mientras se mantengan dentro de los límites permitidos por Dios.

La antipatía instintiva es a menudo, si no siempre, consejera y guía peligrosa. Influye en nuestro juicio, haciendo que nuestra mente exagere las verdaderas causas de nuestra aversión y que invente razones falsas que justifiquen nuestro rechazo; nos hace perder de vista que toda persona es valiosa ante los ojos de Dios, y que esto la hace merecedora de nuestro amor, a pesar de sus debilidades. Todo ello conduce a actos culpables del corazón y la voluntad, a rechazar y hablar mal de otros, a desearles el mal y hacerles daño, a tratarlos en forma injusta, contraria a la voluntad de Dios. (....)

La *envidia* es tristeza ante el bien del prójimo y temor a que éste opaque o amenace nuestra reputación o nuestros éxitos. La envidia se caracteriza porque la persona que la sufre se vuelve triste, irritable y desagradable cuando el otro se alegra por un bien, como por ejemplo, por sus posesiones, talentos, éxitos, belleza; por el amor que recibe o la estima que le demuestran sus superiores o subordinados. Segundo, esta tristeza se alimenta del temor a que la propia popularidad, estima o posición se vean menoscabadas.

Hablamos de *celos* cuando se teme compartir un bien propio, como el amor de otra persona, el conocimiento, el poder o el reconocimiento.

La envidia y los celos no deben confundirse con la *tristeza* por no tener algún bien que posee nuestro prójimo, con la *competitividad* que los bienes del prójimo puedan despertar en nosotros o con la *justa indignación* ante la riqueza mal obtenida.

El santo de la vida diaria entiende bien todas estas cosas y se conoce a sí mismo lo suficiente como para saber con cuánta facilidad nuestra pobre naturaleza, novata en el arte de una adecuada búsqueda de sí mismo y en el control de la propia ambición, puede auto engañarse. También sabe que, como dicen expertos en la naturaleza humana, «después de la victoria sobre las pasiones quedan dos enemigos: la impureza y la envidia; y esta última que no quiere compartir con nadie los bienes y el goce de Dios». Este tipo de envidia es fuente de numerosos pecados de pensamiento, palabra y obra. De esta turbia fuente surgen *pensamientos* desprovistos de amor, hostiles e injustos; *palabras* que calumnian y difaman el buen nombre de otros; *acciones* malintencionadas e incluso criminales. Por eso la Sagrada Escritura nos enseña que «Por la envidia del demonio entró la muerte al mundo, y la imitan aquellos que le pertenecen» (Sab 2,24). (....)

Si queremos triunfar sobre este poderoso y astuto enemigo, debemos aprovechar sus ataques como una oportunidad para responder al desafío con actos de amor heroico, internos y externos. San Juan Bautista decía a sus discípulos, celosos del Señor y de su éxito: «Es preciso que él crezca y yo disminuya» (Jn 3, 30). Ésta es la actitud que asume el santo de la vida diaria ante todo aquel que despierte su envidia y sus celos. Sólo entonces comprenderá verdaderamente las palabras de san Pablo: «El amor no es celoso, no es jactancioso, no se engríe; es decoroso, no busca su interés, no se irrita; no se alegra ante lo injusto, se alegra con la verdad» (1Cor 13, 4-6).

c. Las pequeñas virtudes

Llamamos «pequeñas» a las virtudes que aquí mencionaremos pues el mundo, en general, las tiene en poco valor y estima. El santo de la vida diaria, por el contrario, les presta especial atención porque le ayudan a santificar la vida cotidiana.

Inspirándose en san Francisco de Sales, el P. Roberti ha escrito su propio libro sobre las pequeñas virtudes. Lo primero que hace es describirlas:

Las pequeñas virtudes son muchas; las enumeraré brevemente:

Indulgencia con las faltas de los demás y prontitud para perdonarlas, aun cuando uno no cuente con semejante consideración. *Bondad,* que aparenta no darse cuenta de las carencias obvias del prójimo; *disimulo* que es lo opuesto de aquella desafortunada agudeza de algunos para revelar los defectos de los otros. *Compasión,* que hace suyos los sufrimientos de los infortunados y afligidos y que se regocija en la felicidad de quienes gozan. *Flexibilidad de espíritu,* que no se resiste a aceptar lo razonable y correcto de la opinión de los demás, aun cuando no entiende sus puntos de vista, y que sabe reconocer sin envidia la mejor opinión. *Solicitud* para anticiparse a las necesidades de los demás, para evitarles el dolor y ahorrarles la humillación de pedir ayuda.

Magnanimidad de corazón, que siempre hace todo lo posible por ayudar y ser agradable a los demás y, cuando puede hacer sólo un poco, desearía poder mucho más. *Una amigable amabilidad,* que escucha a quien incomoda, sin dar muestras de molestia, e instruye al ignorante sin palabras desagradables. *Cortesía,* tener buenos modales sin la falsa amabilidad del mundo, sino con sincera y cristiana cordialidad.

El Obispo Camus cuenta de una conversación que sostuvo una vez con su santo amigo, Francisco de Sales:

– ¡Cómo debiéramos amar las pequeñas virtudes que crecen al pie de la cruz, porque ellas se alimentan de la Preciosa sangre de su Hijo! –le dijo san Francisco.

– ¿Y qué clase de virtudes son ésas?

– Humildad, paciencia, gentileza, amabilidad, tolerancia, indulgencia, buen carácter, afectividad, piedad, prontitud para perdonar, simplicidad, franqueza, etc. Estas virtudes son como las violetas que crecen en un rinconcito fresco, alimentadas por el rocío del cielo y que, aunque no se ven, se siente el suave y delicioso aroma que esparcen a su alrededor.

– Entonces, ¿qué virtudes pueden encontrarse en lo alto de la cruz?

– Muchas. Allí encontrará usted muchas gracias brillantes y luminosas, siempre que las ilumine el espíritu de amor. Virtudes como la prudencia, la justicia, la magnanimidad, la liberalidad, la caridad, la fuerza, la mortificación corporal, la obediencia, la contemplación, la perseverancia, el desprecio de las riquezas y del honor, y muchas más como éstas.[10] (....)

d. Celo apostólico

San Ambrosio describe el celo por las almas como el «ardor del amor». Ésta es una interpretación exacta y cuidadosa de la relación interna que debe darse entre amor y apostolado. Sin amor no hay celo por las almas, sin celo por las almas no hay amor verdadero. ¿O podemos imaginar el fuego sin una hoguera? Por la misma razón, no puede existir un verdadero y profundo amor a Dios sin celo por las almas. Como dice san Ambrosio, «Quien no arde en celo por las almas, no tiene amor». Guillermo de París[11] lo llama «ardiente llama encendida en la hoguera divina, que consume el corazón y se extiende a los demás». San Bernardo lo describe como «un sincero impulso amoroso que en honor y gloria de Dios nos lleva a actuar santamente y a procurar la salvación de quienes nos rodean».

La medida de nuestro amor determina la medida de nuestro celo por las almas. San Ignacio acostumbraba decir: «Si muriendo mil veces al día me fuese posible ayudar a una sola alma, gustoso soportaría mil veces morir». Su gran discípulo, san Francisco Javier, cuando en una oportunidad bautizaba a un niño en peligro de muerte, dijo: «Aunque fuera sólo por esto, me valió la pena el largo y difícil viaje a la India». Magdalena de Pazzi[12] rezaba: «Señor, tengo

---

10   Obispo Jean Pierre Camus, *The Spirit of St. Francisco de Sales* (New York, 1952), p. 119.

11   Guillermo de París, op (falleció después de 1437), domínico y profesor de teología en París.

12   Santa María Magdalena de Pazzi (1566-1607), mística italiana de la Orden Carmelita.

un anhelo tan ardiente de llevar almas a ti, que este anhelo me causa dolor, y este dolor es tan intenso que se vuelve casi un infierno al no poder satisfacer su apremiante intensidad». (....)

• *Apostolado de la palabra*

Nuestro mundo actual ofrece numerosas oportunidades para anunciar a Cristo con la palabra: en el trabajo, en la familia, en el ámbito público. «La Luz brilla en la oscuridad, pero la oscuridad no puede vencerla» (Jn 1,5). En todas partes, la ignorancia acerca de Cristo y del cristianismo es asombrosamente grande; en nuestro país y en el extranjero, en nuestra ciudad, en los lugares de misión, incluso entre los cristianos.

El don de la santidad de la vida diaria también lleva al mundo la luz del testimonio [de Cristo] prudente, respetuoso e inspirador, tanto mediante la palabra hablada como escrita. (....)

• *Apostolado de la vida*

La vida del santo de la vida diaria tiene un impacto mayor que sus palabras. El Señor dijo: «Brille así vuestra luz delante de los hombres, para que vean vuestras buenas obras y glorifiquen a vuestro Padre que está en los cielos» (Mt 5,16). La *calidez de su personalidad* habla de un cristianismo cálido y vital, que atrae a los demás. ¡No se puede encender el fuego con un pedazo de hielo! Y viceversa: El hielo no puede resistir por mucho tiempo el calor de un fuego. (....)

El *buen ejemplo* ha sido siempre una poderosa y convincente fuerza del bien. En una época en que muchos otros métodos de apostolado son irrealizables o ineficaces, el poder de un buen ejemplo es incalculable. Sabemos, por ejemplo, de un general francés, de Sonis,[13] cuya presencia era como un retiro espiritual para sus soldados. Si Reichensperger[14] estuviese aún vivo, reprocharía a muchos el ser «católicos cobardes», es decir, cristianos a medias, sin el valor necesario para protestar cuando Cristo y su Iglesia son atacados. El Santo Padre desearía que tantos católicos como fuese posible llegaran a ser apóstoles maduros y capaces de vivir en la diáspora moderna. Su ejemplo podría sustituir la carencia de una atmósfera católica en el foro público y elevar hacia Dios el mundo que los rodea. (....)

• *Apostolado de la oración y del sacrificio*

El apostolado más fecundo es la oración y el sacrificio. Quienes lo practican son un continuo y viviente *sursum corda* [¡arriba los corazones!] para sus compañeros. El Señor enfatiza la importancia del apostolado de la oración cuando dice: «La mies es abundante pero los operarios son pocos; rueguen al dueño de la mies que envíe más operarios» (Lc 10,2). Él prometió permanecer con nosotros hasta el fin de los tiempos y rogó para que las puertas del infierno no prevalecieran contra su Iglesia. Entonces ¿por qué nos pide rezar? Porque Dios, en su bondad y sabiduría, ha previsto no distribuir las gracias de la redención ganadas por Cristo sin la cooperación humana. Y en este sentido, la oración es el medio más eficaz que tenemos a nuestra disposición. (....)

---

13 Gaston de Sonis (1825-1887), un general católico francés que luchó en la Guerra franco-prusiana, conocido por su profunda fe y devoción al Sagrado Corazón de Jesús.

14 Augusto Reichensperger (1808-1895), católico alemán y fiel defensor de los derechos católicos en Prusia y en la Alemania unificada; ayudó a fundar el partido *Zentrum* Católico.

La eficacia de la oración aumenta cuando va unida al sufrimiento y al sacrificio. Tertuliano acuñó una frase que capta una constante en la historia de la Iglesia: «La sangre de los mártires es semilla de nuevos cristianos». Generalmente distinguimos entre martirio cruento e incruento, pero ambos permiten que el alma comparta el sufrimiento salvífico de nuestro Señor.

Los grandes apóstoles siempre han sabido estas cosas y han amado el sufrimiento como el gran medio de salvación de las almas. Algunos lo practican físicamente y otros, espiritualmente. Rudolph Aquaviva[15], por ejemplo, trabajó durante mucho tiempo en la India sin ningún éxito notable, lo cual le llevaba a decir: «Esta tierra pedregosa debe ser regada con nuestra sangre antes de que pueda dar fruto». No mucho tiempo después, él y sus compañeros fueron asesinados y, desde ese momento, la fe empezó a extenderse en forma impresionante.

Juan Fernández[16], uno de los compañeros de san Francisco Javier en Japón, en cierta ocasión daba instrucción religiosa a una multitud de personas, y de pronto alguien le escupió a la cara; él no dijo nada, se limpió y continuó con su lección. Esto causó una impresión tan profunda en sus oyentes, que un doctor, de gran fama en ese lugar, le pidió que lo bautizara. (....)

---

15 Rudolph Aquaviva, SJ (1550-1583), misionero y mártir italiano.
16 Juan Fernández, SJ (1550-1583), traductor y misionero en Japón.

Conclusión

El santo de la vida diaria practica todo tipo de apostolado en favor de las almas. Mientras más conoce este
mundo, con mayor fuerza experimenta la verdad de
estas palabras: «El trabajo más divino es el de cooperar
con Dios en la salvación de las almas inmortales».

SEGUNDA PARTE

Santidad mariana de la vida diaria

Capítulo 5

SANTIDAD Y HEROÍSMO DE LA VIDA DIARIA

La santidad de la vida diaria puede enfocarse desde distintos puntos de vista. El libro *Santificación de la vida diaria* (resumido en la Primera Parte) acentúa la armonía en las vinculaciones (a Dios, al trabajo y al prójimo). En otros cursos, sin embargo, el P. Kentenich puso el acento en el heroísmo de la vida diaria, de acuerdo a la definición:

Santidad de la vida diaria significa cumplir mis deberes cotidianos tan perfectamente como sea posible y por amor a Dios, porque lo amo con un amor grande y cálido.

En estos conceptos basó el P. Kentenich un hermoso curso de fin de semana que dio en Suiza, en 1939. Los extractos que aquí[1] se han elegido enfatizan el llamado a la grandeza y la dimensión mariana, tan típica de la espiritualidad de Schoenstatt. En este capítulo, el P. Kentenich se refiere a dos preguntas claves: ¿Qué es la

---

1 *"Mariansiche Werktagsheiligkeit" (Santidad mariana de la vida diaria)*, curso dado a la Liga de Mujeres de Schoenstatt, Gommiswald, Suiza, enero 1939, en *Vorträge in der Schweiz* (Quarten, 1985), p. 38-50, 52, 53s, 60-62, 66-69, 71-76, 77-85.

santidad de la vida diaria? y ¿Por qué debemos esforzarnos por alcanzarla?

Si me preguntan qué podemos hacer [para atraer a María a este lugar], mi respuesta es ésta: no olviden el lema de este año, un año litúrgico de santidad mariana de la vida diaria (....). ¿Qué contribuciones al capital de gracias podemos hacer? Buscar y esforzarnos heroicamente por alcanzar el ideal de la *santidad mariana de la vida diaria*. Esto da a nuestro esfuerzo moral y religioso un objetivo elevado y concreto a la vez: atraer a la Santísima Virgen para que establezca su morada no sólo en Suiza sino específicamente aquí, en este lugar[2].

Aún recuerdo claramente cómo (hace 25 años) los muchachos declararon que si la Santísima Virgen quisiera prescindir de ellos, su respuesta sería: «no queremos que establezcas aquí tu morada sin nuestra cooperación». En este espíritu, sólo podría lamentar que las cosas fuesen demasiado rápido y sin el concurso de nuestros propios sacrificios y oraciones, sin nuestra cooperación. Y esta cooperación consiste en vivir la santidad mariana de la vida diaria. (....)

---

2   La Familia de Schoenstatt de Suiza quería establecer un lugar schoenstattiano de gracias en ese país. Habían puesto un cuadro de la Madre tres veces Admirable en un lugar especial donde pudieran recibirse las mismas gracias que en el Santuario original de Schoenstatt, Alemania.

I. Santidad de la vida diaria: llamado a la vida heroica

Todos conocemos el término «santidad de la vida diaria», pero este año debe crecer y encarnarse en nosotros. Piensen en el nuevo libro sobre nuestros primeros años [3]. Allí verán cómo el ideal de la santidad de la vida diaria formó parte de nuestra historia desde sus comienzos. Aún recuerdo claramente cómo, a los pocos meses de la fundación de nuestra congregación, pudimos proclamar este ideal: «Nuestra Familia debe producir santos dignos de ser canonizados». Esperamos que, en un futuro cercano, al menos nuestro José Engling sea uno de ellos. (....)

> ¿Por qué? Simplemente se daba por hecho [en la generación fundadora] que la Familia debía producir santos. Tal vez recuerden, al leer la vida de José Engling, cuán profundamente impresionado quedó después de unas charlas sobre la santidad moderna; creo que fue en el mes de enero. Él y su amigo Karl, ardiendo de entusiasmo, dijeron: «Nos prometemos mutuamente ser fieles hasta convertirnos en santos modernos, y todos los años recordar al otro esta promesa.» Y mantuvieron su palabra. Y aun cuando ambos pasaron por la enorme conmoción y tragedia de la Guerra, año a año se daban ánimo para seguir adelante.[4]

---

3   Se refiere al libro *Bajo la protección de María*, recopilado por el P. Ferdinand Kastner sobre conversaciones y crónicas de los años de fundación de Schoenstatt, que incluye el Documento de Fundación del 18 de octubre de 1914. Ver libro en inglés del P. Jonathan Niehaus, *New Vission and Life* (Waukesha, 1986).

4   Ver P. Alexander Menningen, *Joseph Engling* (Waukesha, 1998).

Todo esto nos muestra cómo el instinto de vivir y luchar por la santidad fue parte de la Familia desde sus inicios. ¡Hagan suya esta herencia!

Podría pensarse que ellos (la generación fundadora) eran tan sólo jóvenes que aún no habían experimentado las fuertes marejadas de la vida; pero nosotros, en cambio, somos mayores y conocemos los peligros que ésta entraña. Que tal vez para ellos era fácil encenderse en ideales, pero nosotros sabemos cuán duras pueden ser las batallas que hay que dar en la vida; además, ya llevamos a cuesta nuestras propias cargas. Sin embargo, ahí los tienen; estos altos ideales forman parte del espíritu de nuestra Familia. Y cuando en el futuro hojeen el libro que recuerda nuestros inicios, verán que este ideal tampoco fue fácil para ellos.

II. Debemos tomar en serio lo que ya sabemos

En una palabra, cuando este año oigamos el término «santidad de la vida diaria», nos esforzaremos por comprenderlo y vivirlo con más amor, con un amor más cálido y con mayor firmeza en nuestros propósitos. Los jóvenes que fundaron nuestra Familia vivieron experiencias que los tocaron profundamente y los convencieron de que ninguno de nosotros debe morir sin antes haber dejado una huella real en el mundo. Por eso declaramos la guerra a la mediocridad. ¡Fuera la mediocridad de mi vida espiritual! ¡Fuera la mediocridad de mi trabajo! ¡Fuera la mediocridad de mi vida moral! ¡Ninguno de nosotros debe morir sin antes haber alcanzado las cumbres más altas, de acuerdo a los talentos y gracias que Dios nos ha dado!

¡Piensen! ¿Vivimos este espíritu? ¿No debiéramos también nosotros vivir el espíritu de la generación fundadora? Debemos luchar por lograrlo, al tiempo que rezamos e imploramos a la Santísima Virgen que nos regale un nuevo lugar de gracias. En otras palabras, no debemos conformarnos con rezar: «¡Madre tres veces Admirable de Schoenstatt, haz de este lugar tu morada!» Eso es demasiado fácil. No, el espíritu debe ser éste: «¡Ninguno de nosotros debe morir sin dejar una huella real en el mundo!» ¿Quieren ustedes aceptar este pensamiento? Sé lo que sucede con estas ideas. Es como en el Evangelio: salió un sembrador y sembró las semillas, y ¿cuánto fruto dieron? En algunos lugares, el 40 o el 60 o el 80 o 100 por ciento. En otros, la semilla cayó sobre rocas (cf Mc 4, 3-20).

¿Qué efecto tiene en nosotros el término «santidad de la vida diaria»? Para ser honestos, hemos escuchado muchas palabras «grandiosas» en nuestra vida, pero las que hoy escuchamos ¿no podrían estar dedicadas a *mí?* ¡Con cuánta frecuencia he luchado contra mi propia mediocridad! ¡Con cuánta frecuencia he oído, con tristeza, decir: «eres un completo fracaso»! ¡Cuán a menudo me he dejado influir por quienes me rodean y por el espíritu del mundo! Y ahora escucho un llamado, un imperativo, un mandato que resuena en mi alma: ¡No! No debo bajar a la tumba, no debo morir, no debo dejar el escenario del mundo sin antes haber desarrollado al máximo mis talentos naturales y sobrenaturales!

La mediocridad no es para nosotros; pensar: «después de todo mi vida es bastante decente; dado mi estado de vida, no soy peor que muchos… no tengo de qué avergonzarme», es precisamente la actitud mediocre ante la vida que queremos superar. Esto no quiere decir que debamos empezar con grandes cambios externos. No, se trata más bien de una actitud interna. Queremos invertir el máximo en santidad de la vida diaria. Queremos llegar a ser santos de la vida diaria y no de los domingos y festivos. Nuestro objetivo no es realizar actos visibles extraordinarios sino que, basados en una profunda convicción interior, hacer extraordinariamente bien las cosas ordinarias que nos corresponde realizar en la vida de todos los días.

¡Si tan sólo una persona hiciera suyas estas palabras y las convirtiera en su estrella-guía, creo que aportaría abundantes bendiciones al trabajo que empezamos hace 25 años atrás! (....)

Piensen en lo que para ustedes significaría el lograr, gracias a sus oraciones y sacrificios, que Nuestra Señora de Schoenstatt descendiera una vez más y estableciera aquí su trono. Entonces sabrían que viven para cumplir una gran tarea. Estoy sinceramente convencido de que Schoenstatt, como lugar de gracias, es obra de los «silenciosos de la tierra», no de los que hacen mucho ruido. Ésta es una ley general. ¿Cómo redimió Cristo al mundo? Por su muerte, no por sus sermones. No es hablando como se redime al mundo sino mediante el sacrificio. Lo mismo sucederá con ustedes. Pueden estar totalmente seguras de ello. Los silenciosos de la tierra son los que ofrecen sus vidas sin ser vistos, los que se consumen sin que nadie los note. ¡Qué grandes cosas aportaron nuestros pioneros a esta gran tarea! (....)

Lo más importante en este año de la santidad de la vida diaria es *tomar más en serio lo que ya sabemos.*

III. Tomar el serio los desafíos que Dios me envía hoy

En segundo lugar de importancia viene: *Vivir el hoy con mayor seriedad.* ¿Entienden lo que quiero decir?

Hace algunos días leí parte de la biografía de la Beata Bartolomea Capitanio[5]. ¡Con cuánto vigor luchó desde niña por la santidad! Tuvo una profesora que tomaba muy en serio el ideal de vivir y luchar por la santidad, y que sabía cómo encender el corazón de los niños hablándoles de estas cosas. Un día que les hablaba acerca de qué se necesitaba para ser santo, de pronto les sugirió: «dibujemos espigas, y la niña que dibuje la más larga, pronto será una gran santa». Hasta aquí no vemos nada extraordinario; también nosotros podríamos hacerlo. La mayoría de las niñas, entusiasmadas con la idea, gritaron: «Yo, yo, yo quiero ser una gran santa». Entre ellas estaba Bartolomea, de 10 ó 12 años de edad. Estas palabras encendieron su alma. A veces una palabra puede cambiar la vida de una persona, aunque cientos de otras la hayan escuchado sin que en ellas haya tenido efecto alguno. Mientras el resto de las niñas se arremolinaba en torno de la profesora intentando dibujar la espiga más larga, Bartolomea corrió a una iglesia cercana y le rezó a la Santísima Virgen: «¡Madre, tienes que darme la espiga más larga!». Volvió con las mejillas encendidas de emoción y dibujó la espiga más larga. Desde ese momento tuvo la certeza de que ese ideal guiaría su vida o, como diríamos nosotros, sería su ideal personal: «Quiero ser pronto una gran santa».

5　Santa Bartolomea Capitanio (1807-1833), religiosa italiana y, a pesar de su temprana muerte, fundadora de las Hermanas de la Caridad de Lovere. Fue beatificada en 1926 y canonizada en 1950.

Tal vez recuerden a Max Brunner[6]. Su ideal personal es un reflejo de la atmósfera que se vivía en ese tiempo [los años de fundación de Schoenstatt]: ¡Quiero ser un gran santo! La pequeña Bartolomea agregó una palabra muy importante, que nosotros queremos memorizar en este año de jubileo: ¡Quiero ser *pronto* una gran santa! Mejor aún: *hoy y ahora* es lo que realmente cuenta. Quisiera imaginar que mis palabras (…), al recordarles la grandeza del pasado de nuestra Familia, mueven sus corazones y las lleva a decir: realmente quiero ser una gran santa. La santidad abarca todo lo noble y todo lo grande. Sin embargo, debemos ser honestos; les pasa a ustedes, a mí y a todos: nos resulta muy fácil dejar de lado el esfuerzo que se requiere para ser santo. «Mañana», es la excusa fácil, la que empleamos muchos de nosotros. «Mañana» es la sentencia de muerte que recibe todo esfuerzo serio por lograr la santidad. (….)

> Estoy seguro de que han escuchado la historia de la reunión de demonios en el infierno. El demonio mayor discutía con sus subordinados acerca de qué podían hacer para atrapar tantas almas como fuese posible; al mismo tiempo, furioso les reprochaba sus escasos logros. Un demonio le dijo tímidamente: «Pero si yo le digo a la gente que no hay Dios; que es un invento de los sacerdotes…» Y el demonio le respondió: «¡Estúpido! Está claro que Dios existe, con ese argumento sólo atraeremos almas perezosas y mediocres». Otro demonio refunfuñó: «Yo les he dicho que la Iglesia es inútil

---

6   Max Brunner (1897-1917), seminarista y miembro de la generación fundadora de Schoenstatt, muerto en acción en la Primera Guerra Mundial. Ver *New Vision and life,* P. 163-168.

y que la eternidad es un mero invento. ¡Vivir para el mundo, eso es lo que vale la pena!» Lucifer movió la cabeza: «Eso no es suficiente, así no conseguiré a las almas más nobles y santas». Entonces, todos se quedaron en silencio; nadie tuvo el valor de comentar su «receta». Entonces habló un pequeño demonio: «Esto es lo que yo hago: me acerco a alguien y le digo: por supuesto que hay un Dios. Él es el bien supremo y tú debes amarlo con todo el corazón…; sí, ¡eso es lo que debes hacer!… Por supuesto que Cristo vivió y fundó la Iglesia, y tú debes llegar a ser tan santo como puedas. ¡La eternidad es real, todo el tiempo del mundo es nada en comparación! Luego les susurro al oído: pero hoy puedes disfrutar de tu comodidad por última vez; puedes empezar mañana, entrégate a Dios mañana, espera, goza la vida un día más». Entonces, el Demonio mayor les gritó: «¡Sí, eso es! Así atraparemos almas buenas en todas partes. Vayan ahora, especialmente a los monasterios, y digan: 'Todos ustedes quieren llegar a ser santos. Sí, ésa es la meta. Pero hoy no, esperen hasta mañana pues aún hay tiempo para pasarlo bien'».

¿Se dan cuenta de cuán importante puede y debe ser el «hoy»? ¿Comprenden en qué consiste una lucha seria y realista por la santidad? Hay que dejar de lado toda ilusión. ¿Qué significa «hoy»? Significa que debo preguntarme, desde temprano en la mañana hasta tarde en la noche: ¿Cómo puedo hacer esto –llenen los espacios en blanco– santamente? ¿Y luego? Luego debo hacer todo lo que hago –comer, beber, practicar deportes, recrearme– santamente, es decir, tan perfectamente como sea posible y por amor.

Ustedes deben haber escuchado esta historia sobre san Luis. Una vez que estaba muy entretenido a la hora del recreo, alguien le preguntó qué haría si en ese momento Dios le pidiera la vida. ¿Y cuál fue su respuesta? Podría haber dicho «confesarme» o al menos «ir a la capilla y hacer un acto de contrición perfecta». Pero Luis contestó: «Me quedaría aquí y continuaría jugando». En otras palabras, lo que cuenta es lo que hago hoy y ahora (....)

Recuerden también que la oración de nuestra *Pequeña Consagración* también incluye este «hoy día» en una forma muy destacada: «Oh Señora mía, oh Madre mía, yo me ofrezco todo a ti; y, en prueba de mi filial afecto, te consagro en este día mis ojos....» 'Mañana' significa un comienzo nuevo. Pero hoy yo tengo un trabajo que realizar y quiero hacerlo conscientemente bajo la protección de María.[7] (....)

Tal vez esto sea suficiente por ahora. Pero antes de agregar algo más concreto sobre la santidad de la vida diaria, conviene responder las siguientes preguntas:

- ¿Qué entendemos por santidad de la vida diaria?

- ¿Por qué debemos esforzarnos por ser santos?

- ¿Qué debemos hacer para lograrlo? (....)

---

7   En otra ocasión, ese mismo año, el P. Kentenich expresó este mismo pensamiento de la siguiente manera: «Vivan heroicamente el día de hoy, tanto en sus actitudes como en la acción. Todo lo que hagamos debe ser hecho por amor: mi trabajo debe ser cualitativamente valioso, pero *hoy, no mañana*. Ésta es, en realidad, una descripción de la santidad de la vida diaria» (*Priesternot*, retiro para sacerdotes, julio 23-29, 1939, transcripción inédita de notas manuscritas, p. 42).

1. ¿Qué es la santidad de la vida diaria?

[Santidad de la vida diaria] significa *cumplir nuestros deberes tan perfectamente como sea posible en cada situación de la vida, y por un amor tan grande a Dios como sea posible.* Algunos breves pensamientos:

- Una maravillosa característica de nuestra Familia es que cada uno de nosotros puede llegar a ser santo a su manera, de acuerdo a su propia idiosincrasia y a las circunstancias de su vida. Muchas personas creen que sólo se puede ser santo en un monasterio o en un convento. Éste es un gran error que puede hacer mucho daño. San Francisco de Sales fue pionero en este tema: en sus escritos combatió una y otra vez la noción de que para ser santo hay que ser religioso; por el contrario, decía, es posible (y necesario) ser santo en el lugar en que a cada uno le toca vivir. Hay que tener cuidado con lo que leemos al respecto, porque la mayoría de los libros ascéticos han sido escritos por religiosos y, por tanto, dan la impresión de que debemos ser santos a la manera en que ellos lo fueron. Esto es un error. Si soy religiosa, debo ser santa como monja. Si soy casado, como persona casada. ¿Qué se me pide? La santidad consiste en: 1) renunciar a todo lo que es incompatible con mi estado de vida, y 2) servir a los demás con amor. Haciendo estas cosas puedo llegar a ser un santo digno de ser canonizado. La santidad es compatible con cada estado de vida. Sólo debo cumplir mis deberes lo más perfectamente posible y por amor a Dios, porque lo amo con un amor grande y cálido.

- Santos jóvenes como Stanislaus Kostka, John Berchmanns, e incluso santos de hoy como el Hno. Conrad, no hicieron nada extraordinario. Pero cumplieron fielmente sus deberes.

- Aplicado a nosotros, esto significa que no sólo debemos cumplir fielmente nuestros deberes en la casa y en el trabajo, aunque esto es lo primero, sino que también debemos aprovechar toda oportunidad para continuar nuestra autoeducación. No me basta hacer lo mínimo. También me esfuerzo por *perfeccionarme profesionalmente.* Por ejemplo, no hay mérito alguno en que un profesor diga: «Dejo que los otros profesores estudien mientras yo ocupo mi tiempo en rezar». El esfuerzo por ser santos incluye el perfeccionamiento profesional y laboral.

  Supongamos que hay dos mujeres que hacen el mismo trabajo y tienen las mismas capacidades. Si una de ellas lucha por la santidad, hará mejor su trabajo porque contará con la ayuda de la gracia. Después de todo, la gracia nos es dada para ayudarnos a cumplir con nuestro deber tan fielmente como sea posible.

  ¿Cómo debiéramos visualizar el papel que la gracia, la oración y los sacramentos juegan en nuestras vidas? Como el de un maestro que intenta obtener el mejor rendimiento posible de sus alumnos. Ello significa que nosotros también debemos exigirnos; debemos cumplir con nuestro deber tan perfectamente como podamos. Hay muchas personas que no comprenden la importancia fundamental que la gracia tiene en sus vidas, que la tratan como si fuera un pedazo de papel inservible que hay que botar. Nosotros debemos aprovechar la ayuda que, por medio de ella, recibimos y cumplir fielmente nuestras tareas cotidianas; esta fidelidad, a su vez, nos hace merecedores de nuevas gracias.

- Lo mismo se aplica a mis deberes morales cotidianos, como por ejemplo, los que se relacionan con el quinto mandamiento. Si me esfuerzo por ser santo, debiera ser una persona cercana a los demás; debiera tener una disposición de entrega y un deseo de ayudar superior al que tienen las personas que no luchan por la santidad. De nosotros jamás debiera decirse: «¡Mientras más santos, menos civilizados y corteses se vuelven!». El trato que damos a los demás es parte integral de una vida santa. Siempre y en todas partes quiero y debo cumplir mis deberes morales cotidianos: ser amable con todos, bondadoso con el pobre, etc. José Engling es un buen ejemplo de todo esto…

Éste es el ejemplo que busca el mundo. Muchas personas dicen: «Nosotros somos más cristianos que los católicos», y hablan despectivamente de los «beatos». ¿A quiénes se refieren exactamente? A aquellos que beben con frecuencia de las aguas de la gracia sin hacer ningún esfuerzo serio por vivir una vida moralmente[8] mejor: «Me confieso con frecuencia; gano esta y esta indulgencia; rezo». Todos cometemos faltas, pero nunca debemos abandonar la lucha. Las personas más peligrosas son las que quieren vivir una

---

8   Moralmente no sólo en el sentido de cumplir los mandamientos, sino también en el sentido de excelencia moral.

vida religiosa, pero que no hacen ningún esfuerzo por servir a los demás. (....)

1.1. Fuerza moral heroica

a) Nuestra lucha, ya sea como dueña de casa, profesor u oficinista, es un llamado que compartimos como Familia, el llamado a la santidad. Hemos sido llamados a luchar por la santidad de la vida diaria. Recuerden su definición: hacer todas las cosas de la vida diaria (incluso las más pequeñas) tan perfectamente como sea posible y por un gran amor. Sabemos que esto requiere poner en juego todas nuestras fuerzas morales. En este punto conviene detenerse un momento: sin esa lucha, sin el esfuerzo por desarrollar al máximo, en grado heroico, nuestras fuerzas morales, no lograremos alcanzar el ideal de una genuina santidad de la vida diaria. Aquí no se trata de construir una imagen santa y ponerla en un pedestal, sino más bien de una santidad totalmente concreta y cotidiana. Quien comprenda estas cosas también sabrá que se necesita una enorme fuerza moral para alcanzar este ideal.

b) La altura de esta meta nos haría temblar si no supiésemos *que nuestra naturaleza tiene una profunda capacidad* para lograrla. ¿Qué quiero decir con esto? Que haríamos bien en convencernos de que en nuestra naturaleza existe, especialmente en el caso de las mujeres, una tendencia innata a la renuncia, a la entrega y al sacrificio. ¡Cómo nos gusta seguir a los que nos piden grandes cosas! En Schoenstatt lo sabemos muy bien. Miramos en el corazón de Dios y en nuestros propios corazones y tenemos la valentía de aspirar a los más altos ideales. Las puertas están cerradas a todos los que no tengan el valor de aspirar a estos ideales en forma concreta y cotidiana.

Pregúntense si no es verdad que las personas capaces de despertar nuestro heroísmo son las que esperan el máximo de nosotros. O si son más felices cuando les prometen seguridad, placer y cosas por el estilo. Por supuesto que hay momentos en la vida en que necesitamos disfrutar. Pero no por mucho tiempo. Apenas se despierta lo más noble que hay en nosotros, la búsqueda de placer, el egocentrismo y la búsqueda de nosotros mismos nos dejan insatisfechos. Entonces se despierta una increíble urgencia de entregarnos por entero a una gran causa. Quisiera pedirles que examinaran sus experiencias de la vida diaria y que se preguntaran si existe en ustedes esa tendencia al sacrificio, a la renuncia y a darse a los demás. Esto deben descubrirlo por sí solas. Es muy importante aprender a conocernos a nosotros mismos y a dirigir nuestras propias vidas.

Otra prueba de que la tendencia al sacrificio heroico forma parte innata de lo que somos es el hecho de que todos fuimos creados a imagen y semejanza de Dios. Esto se ve muy claramente en la naturaleza femenina, la cual refleja en forma extraordinaria la esencia de Dios. Nuestra esencia se orienta hacia el amor; la naturaleza de todo ser humano tiende, en diversos grados, hacia el amor. Cada uno de nosotros es, por lo tanto, una imagen singular del amor de Dios. En este punto cabe preguntarse qué significa amar. Amar significa dar de mi propio ser. Y no se puede dar de sí mismo sin renunciar a sí mismo. Toda entrega de sí mismo requiere algún grado de renuncia a sí mismo. Y si mi naturaleza está tan esencialmente orientada hacia el amor, entonces también en mí debe existir una fuerte tendencia a entregarme por entero, a renunciar a mí mismo. (....)

1.2. La santa misa como fuente de fuerza moral heroica

¿Cómo se logran todas estas cosas? Con Aquél que viene a nosotros en la santa misa. ¡Es el Señor! Él recorre nuestros tiempos desde el altar. ¿Y qué hace? Permítanme mencionar sólo dos cosas:

Nos enseña con su *ejemplo,* a través de la incondicional entrega de todo su ser y toda su esencia al Padre celestial. Es así como debiésemos comprender la santa misa. Todos los días, Cristo se ofrece misteriosamente al Padre celestial. Y su entrega es totalmente incondicional: «He aquí, Padre, que vengo a hacer tu voluntad» (cf Hb 10,7), no la mía. Él sólo quiere hacer la voluntad del Padre, y sabemos que aceptó pasar por todas las etapas del sufrimiento hasta quedar completamente vacío de sí mismo. *Et exinanivit!,* y se despojó de sí mismo. (Flp 2,7) ¿Por qué? Porque el Padre lo quiso. Detengámonos aquí un momento. Ustedes debieran meditar, una y otra vez, sobre el amor del Señor, y no tanto desde el punto de vista de cómo su entrega hace más fácil nuestra vida, sino verlo como el gran héroe que tiene sólo un gran deseo: vaciarse de sí mismo y entregar todo su ser, porque el Padre así lo desea para la redención del mundo.

[La misa despierta] el heroísmo moral porque, día tras días, el Señor se presenta ante nuestros ojos como la personificación perfecta de lo que la Familia pide y nuestro corazón desea. El resto está en nuestras manos. Cuando necesiten un tema de meditación, reflexionen sobre las palabras y actos de Cristo, sobre la actitud que mantuvo a lo largo de toda su vida: «¡He aquí que vengo a hacer tu voluntad!» Es verdaderamente conmovedor que al final de su vida el Señor haya podido decir de sí mismo: «He llevado a cabo la obra que me encomendaste» (Jn 17,4). Cristo no dice: «Fue fácil, porque hice la voluntad del Padre», sino: «He llevado a cabo la obra»; es decir, me entregué a mí mismo. Sí, ésta es *la obra* que él llevó a cabo. *¡Esta* obra y no otra! Él no corría de un lugar a otro sino más bien se dejaba conducir, pensando sólo una cosa: «Padre celestial, ¿qué quieres de mí?» La santidad de la vida diaria es aceptación de la voluntad de Dios.

¡Qué maravillas podría haber hecho Cristo con su poder y conocimientos divinos, con su elocuencia! Pudo haber cambiado el mundo con sus palabras y sus acciones. Y algunos de nosotros, ¡cómo quisiéramos tener este poder!, especialmente los que se dedican al apostolado. Pero recuerden: «¡Mantengan las manos en el arado!» Es esto lo que el Señor quiso enseñarnos cuando dijo que sólo había completado la obra que su Padre celestial le había encomendado. Él no atravesó las fronteras de su país; no viajó como lo hago yo. Vivió 30 años con su madre. ¿Y yo? ¡Cuánto trabajo, cuánto tengo que afanarme para convertir el mundo! ¡Cambios aquí y conversiones allá! Por cierto, todo este afán se justifica si es querido por Dios. Pero también es bueno asegurarse de que no se trata de un activismo meramente natural. Cristo no quería nada que no fuese hacer siempre la voluntad del Padre. Si ello lo ponía feliz o triste, si le gustaba o no, si los sentimientos lo acompañaban o no, era secundario. El sólo sabía una cosa: vengo a hacer tu voluntad. La santa misa es, por lo tanto, la hoguera siempre encendida que ilumina y alimenta nuestro heroísmo moral. ¿Por qué? Por el gran ejemplo que nos da Jesús al entregar al Padre celestial todo lo que es y todo lo que tiene.

a) Los ejemplos nos dan fuerza, pero no pueden sostenernos en todas las dificultades. En la santa misa nos *reunimos con Cristo.* Él quiere ser nuestra fuerza, quiere darnos el coraje heroico que necesitaremos durante las próximas 24 horas. Él quiere vivir en nosotros. Después de todo, en esto consiste el gran misterio de pertenecer a Cristo. El viene a mí misteriosamente cuando participo en este acto sagrado y, más aún, cuando participo en la sagrada comunión. A través de ella, él quiere dar nueva vida a mi santidad en la vida diaria y me acompaña durante 24 horas más. Entonces, por 24 horas voy como otro Cristo a mi lugar de trabajo. En mí él quiere vivir el ideal de la santidad de la vida diaria durante 24 horas. Entonces le digo: «Señor, no quiero defraudarte», porque es esto lo que hago cuando no comparto mi vida con él. Una vez Jesús dijo a Felipe: «Quien me ve, ve al Padre» (Jn 14,9). De igual modo, nosotros debiéramos poder decir: «Quien me ve, ve a Cristo. Si ustedes quieren saber cómo es Cristo, cómo hubiera vivido en mis circunstancias, mírenme a mí; quien a mí me ve, ve a Cristo y también al Dios vivo». ¿Se dan cuenta de cómo la santa misa puede y debe ser una verdadera fogata de fuerza moral heroica?

Queremos pedir a la Santísima Virgen que nos ayude a entender estos pensamientos y que permita que alguna de estas palabras caigan en terreno fértil. En último término, esto es lo que realmente importa. De poco vale una explosión de entusiasmo si no aceptamos las gracias que el Dios eterno nos envía para que podamos darle el mejor y más grande de los regalos: el don de nosotros mismos.

Por supuesto, como hijos de Schoenstatt, siempre podemos decir: Nuestro Señor también viene a mí en la imagen de nuestra santa Madre. Voy a través de mi vida diaria como otro Cristo, pero también como otra María– una *altera* María. Así como el Señor hizo en María el milagro de la perfecta entrega y renuncia, hoy él quiere acompañarme durante todo día, en parte como otro Cristo y en parte como otra María. Él es para nosotros un modelo sin límites para ambos sexos, pero María es la personificación femenina de Cristo. Sólo necesito mirarla. Lo que las Epístolas y los Evangelios dicen, Cristo lo realizó de manera ejemplar en la Santísima Virgen. Ahora él quiere hacer de mí otra María. Así como ella llegó a ser otro Cristo, en ella y a través de ella, me transformo en otro Cristo. Es importante meditar acerca de todas estas cosas.

Todos los días debiéramos ponernos en la patena junto a la hostia, e instar a otros a hacer lo mismo. La hostia me simboliza. Tal como la hostia es transformada, yo también quiero ser transformado, y tal como el Señor se entregó heroicamente a su Padre celestial, yo me entrego heroicamente a él. Si así me entrego todos los días ¿cuál será mi respuesta ante alguna tristeza o fracaso que experimente durante la jornada? Si somos verdaderamente honestos tendremos que admitir que somos muy mentirosos. Todas las mañanas nos ponemos a disposición del Señor, queremos cumplir la voluntad de Dios y pender de la cruz junto a él; pero, apenas las cosas se nos ponen difíciles, saltamos de la cruz. ¡Qué infantiles somos! Ciertamente no es así como debiésemos comportarnos.

Como tan bien lo expresó el apóstol Pablo, «Cada vez que coméis este pan, anunciáis la muerte del Señor» (cf 1 Co, 11,16). Esto significa que debemos aprender a morir y proclamar la muerte del Señor durante el día. Yo también debo llevar las heridas del Señor en mi cuerpo y en mi alma durante 24 horas. Es lo que corresponde, y todos lo sabemos. Pertenezco a la cruz, debo estar en la cruz. Debo subir a la cruz con Cristo. Por eso ¡arriba, a la cruz! Sólo entonces se cumple en mí aquello que más profundamente me caracteriza: la entrega total. Es así como debemos ver la santa misa y todo lo que hacemos durante el año. Todo depende de la santidad de la vida diaria (....)

2. ¿Por qué debemos esforzarnos por ser santos de la vida diaria?

Nuestra Familia ha crecido. Lo que nos une es el esfuerzo por la santidad de la vida diaria y por crecer en amor y devoción a la Madre tres veces Admirable de Schoenstatt. Quiera ella bendecirnos y ayudarnos para que las pláticas y discusiones que hoy día realicemos se arraiguen profundamente en nuestro corazón.

Ayer reflexionamos sobre el significado y propósito de nuestro esfuerzo: la santidad de la vida diaria. Ahora sabemos lo que esto significa. También nos dimos algunas tareas.

Para no perder de vista nuestro gran ideal, ahora conviene reflexionar y hacer nuestras algunas de las razones que nos motivan.

¿Por qué debemos luchar por la santidad de la vida diaria? Porque ello responde a:

- los deseos y anhelos más profundos de mi corazón;
- los deseos y anhelos más profundos del eterno Dios;
- los deseos y anhelos más profundos de la Familia de Schoenstatt;
- los deseos y anhelos más profundos del mundo actual. (....)

2.1. Responde a los deseos y anhelos más profundos del corazón

La santidad de la vida diaria responde a un anhelo extraordinariamente profundo de nuestros corazones. En otras palabras, el término «santidad de la vida diaria» comprende todo lo que consideramos grande y noble.

Piensen en algo que consideren verdaderamente grande como, por ejemplo, en poseer un espíritu extraordinariamente bondadoso y noble, y pregúntense si una auténtica santidad satisface o no este anhelo ¿Acaso no son los santos de la vida diaria las personas más bendecidas, las que mejor reflejan una bondad realmente genuina?

O quizás tengo una fuerte tendencia a tener sentimientos profundos. La lucha por la existencia, debo admitirlo, me ha dejado fría y triste, pero de vez en cuando descubro mujeres auténticamente nobles. ¡Qué agradable es conocer mujeres totalmente arraigadas en Dios y que han recibido el don de un corazón compasivo! Tal riqueza emocional es la cumbre de la santidad de la vida diaria. El término «santidad de la vida diaria» también nos trae a la mente estas virtudes.

Tal vez quieran ser más espirituales; sienten que el lado humano de la vida las arrastra hacia abajo, pero cuando se arrodillan delante de la imagen de María descubren que su pureza y su inocencia las eleva. La santidad de la vida diaria también responde a este anhelo. El santo de la vida diaria es, hasta cierto punto, la personificación del ser totalmente espiritual. Esto puede parecer una contradicción, pero la santidad de la vida diaria abarca ambos aspectos [lo espiritual y lo humano].

O puede que su gran anhelo sea entregarse totalmente a los demás. Se sienten llamadas a una vida plena y fecunda, que llegue a muchas personas. No quieren pasar la vida solas; no les interesa una vida cómoda en la que sólo tengan que preocuparse de sí mismas. Quieren dedicarse a una gran misión, de modo que, cuando dejen este mundo, los demás sientan que han perdido a alguien irreemplazable. Nuevamente, la respuesta es que el auténtico santo de la vida diaria vive para los demás, se busca no sólo a sí mismo sino que se da sin cálculo ni medida a quienes lo necesitan.

Quizás anhelen estar con Dios, captar con la fe al Dios desconocido que está siempre en nosotros y a nuestro alrededor, y formar y moldear su vida entera sólo en base a este pensamiento. No se olviden que en esto consiste la verdadera santidad de la vida diaria.

Podría seguir indefinidamente. Miren dentro de su corazón, observen y escuchen una y otra vez: esto o eso es noble y grande, y mi corazón lo anhela. Ciertamente, también ahí encontramos cosas indignas: egoísmo, avaricia, búsqueda del placer; pero queremos combatirlos. Todavía recuerdo muy bien que, en los dos primeros años (1912-1914), cuando recién empezábamos a conocer el ideal de la santidad, oímos decir que [la santidad] es la esencia de toda grandeza y nobleza y la respuesta a los anhelos de nuestro corazón. Sólo cuando los jóvenes descubrieron, en 1914 o 1915, que la santidad no es algo extraño y ajeno sino que encarna todo lo noble y hermoso, sólo entonces el ideal de la santidad de la vida diaria echó raíces en la Familia, y jamás se perdió. «Tomen y hagan propio lo que han heredado de sus padres». Yo puedo seguir el mismo camino si, en momentos de silencio, me pregunto: «¿Qué es lo que realmente quiero?» Y entonces me digo: «¿No está todo esto incluido en el ideal de la santidad de la vida diaria?»

2.2. Responde a los anhelos más profundos de la Familia

En segundo lugar, *la santidad de la vida diaria responde a los anhelos más profundos de nuestra Familia*. Basta recordar nuestra fe en la misión que recibimos del Dios vivo a través de la intercesión de nuestra querida Madre, la santísima Virgen María. Nuestra misión consiste en apoyar a la Iglesia en tiempos turbulentos y ayudarla a navegar a través de grandes dificultades, hacia un futuro más sano y feliz. Esto significa que debemos ampliar nuestros horizontes. Sin embargo, no podemos menos que preguntarnos cómo cumplir esta misión. ¿Dando muchas charlas, tal vez? No, no, sólo encarnando el espíritu del cristianismo tan perfectamente como sea posible. ¿Y cuál es el espíritu del cristianismo? Es la santidad de la vida diaria. Cualquiera de nosotros que esté en la mitad del camino de su vida y que conozca las necesidades de la Iglesia moderna, tendrá sólo una respuesta que dar, de cara a las tormentas y penurias de los tiempos: mi principal aporte a la solución y alivio de estas tensiones consiste en hacer todo lo posible por captar el auténtico espíritu cristiano y por llegar a ser santo.

Desde su mismo origen, Schoenstatt se esforzó seriamente por ser una Familia de santos; por eso les hablé ayer de la necesidad de responder a nuestra realidad de vida, a aquello que nos llama y nos impulsa a seguir adelante. Pertenecer a Schoenstatt significa luchar seriamente por la santidad. Si este esfuerzo está vivo –les recuerdo una vez más las grandes tareas que probablemente tendrán que realizar– podemos confiar en que un día surgirá de nosotros un auténtico movimiento de renovación religiosa, y en que tal vez, algún día, seremos tan numerosos como las arenas del mar.

Creo que estos dos breves recordatorios bastan para confirmarnos en la convicción de que la santidad de la vida diaria responde profundamente a las expectativas y anhelos de nuestra Familia.

2.3. Responde a los anhelos más profundos de la Iglesia

Todos sentimos el peligro que corre la Iglesia hoy día en todo el mundo, no solamente en los países más cercanos[9] sino también en todo el mundo. Esto preocupa a muchas personas y en muchos lugares, incluso aquí, en Suiza. Algu-

---

9   Principalmente en los regímenes abiertamente antireligiosos de Hitler en Alemania y de Mussolini en Italia.

nos ya empiezan a prepararse para cuando estalle el desastre, a ver cómo se protegerán financieramente. Pienso que ésta no debiera ser nuestra principal preocupación. En su encíclica[10], el Santo Padre indica claramente que, a través de las tormentas, Dios desea santificar, renovar y rejuvenecer nuestros tiempos. Es bueno recordar que las tormentas, que en todo el mundo sufrirá la Iglesia, no terminarán hasta que se haya cumplido lo que, con estos acontecimientos, Dios quiere lograr.

El Santo Padre no se cansa de señalar, tanto privada como públicamente, que Dios necesita que muchos hijos de la Iglesia luchen por alcanzar una auténtica santidad. El llamado que nos hace en sus encíclicas es realmente conmovedor. Por ejemplo, en su encíclica contra el comunismo ateo[11], dice que actualmente hay muchos católicos que se esfuerzan por alcanzar el más alto grado de santidad; luego hace un llamado para que tantos católicos como sea posible interpreten así los signos de los tiempos y aspiren a este gran ideal. En nuestro lenguaje, diríamos que el Santo Padre pide, en nombre de la Iglesia y, por tanto, en nombre de Dios, que respondamos a las tormentas de los tiempos luchando con todas nuestras fuerzas por lograr una genuina santidad. Ustedes no deben extrañarse al constatar cómo en todo el mundo disminuye la influencia de la Iglesia en la vida pública. Si observan los países que nos rodean, verán que la Iglesia ya no tiene ninguna influencia en este ámbito. ¡Y con cuánta fuerza se la difama! ¿Por qué? Tal vez la Iglesia

---

10 Cf. Pío XI, encíclica a los obispos alemanes, *Mit brennender Sorge,* marzo 14, 1937, n. 42.

11 Cf. Pío XI, encíclica *Divini Redemptoris,* marzo 19, 1937.

deba volver a las catacumbas a rescatar las fuerzas que provienen de sus fuentes más profundas. Debe volver a ser la Iglesia santa, la santa Esposa del Esposo Santo.

En esta oportunidad hemos compartido tan sólo unos pocos pensamientos. Quizás vendrá el tiempo en que estas semillas broten. No hemos abundado en el tema del futuro de la Iglesia porque nuestra preocupación central es sólo una: aumentar el número de santos de la vida diaria. Nosotros servimos a la Iglesia cumpliendo, en nosotros y en nuestra Familia, los deseos de Dios para nuestros tiempos. ¿No es así cómo debe ser? Y la santidad de la vida diaria es la mejor respuesta a los anhelos y necesidades de la Iglesia.

2.4. Responde a los anhelos más profundos del mundo

Cuando pienso en los *anhelos del mundo* [me pregunto]: ¿Qué quiere el mundo? Quiere personas íntegras, con propósitos firmes, confiables. El mundo quiere ser redimido, quiere tener personas felices y plenas. El mundo y los tiempos usan los medios equivocados, por supuesto; intentan caminos que sólo llevan a formar personas desdichadas y frustradas. ¡Santidad de la vida diaria! Es el camino que lleva a la felicidad; el mejor medio para ser verdaderamente felices aquí en la tierra. Todo aquel que pertenece a Dios y cuya visión del mundo se fundamenta en Dios, es tan feliz como es posible serlo aquí en la tierra.

Como las necesidades terrenales son tan acuciantes, con frecuencia se buscan soluciones falsas. Aparece una ideología que promete soluciones para todo, y la gente la sigue como un rebaño. Incluso aquí [en Suiza] se oye decir: «si nos anexaran [a la Alemania nazi], se terminaría el problema del desempleo, etc.; ésa sería la mejor solución a nuestras necesidades materiales…» Es fácil ver que en la raíz de todo esto está el deseo de ser feliz. Pero la verdad es que, en último término, sólo una genuina santidad de la vida diaria puede satisfacer totalmente, en lo que tiene de más profundo, nuestro anhelo de felicidad, porque la santidad no sólo tiende a las estrellas sino también hacia la tierra. No sólo busca una morada en Dios; también da forma a la vida ordinaria de cada día. Por amor a Dios, también se ocupa de hacer progresar la economía, la seguridad y la salud. Comprende toda la grandeza que es posible ver y esperar de la Iglesia, del mundo, del propio corazón y de la familia.

Capítulo 6
SANTIDAD MARIANA

Continuamos con nuestra selección del curso del año 1939, dado en Suiza. En este capítulo, el P. Kentenich se centra brevemente en algunos caminos prácticos que conducen a la santidad de la vida diaria. Enseguida, dirigiéndose a un grupo de mujeres de Schoenstatt, reflexiona acerca de cómo la santidad mariana de la vida diaria ofrece fundamentos para un auténtico estilo femenino de santidad. A pesar de que mucho de lo que dice está dirigido a mujeres, todo vale también para los hombres; y puntos clave tales como «nadar en la misericordia de Dios», se aplican a todas las personas.

I. ¿Cómo podemos llegar a ser santos de la vida diaria?

¿Cómo podemos llegar a ser santos de la vida diaria? Ya he dado una respuesta a esta pregunta [en la Santa misa] de esta mañana.

Una respuesta general: debemos ir por los caminos y usar los medios que Schoenstatt nos da. ¿Cuáles son estos medios?

1. Las herramientas de nuestra espiritualidad

Primero: los *medios internos.*
Segundo: los *medios externos.*

Medios internos: son aquellos que se conocen bajo nombres que nos son familiares, tales como Ideal Personal (IP), Examen Particular (EP) y Horario Espiritual (HE).

Medios externos: mantener estrechos vínculos entre nosotros, por ejemplo, nuestra unidad como Familia.

Esto da una amplia gama de posibilidades. ¡Cuán enormemente contribuyen el Ideal Personal, el Propósito Particular, el Horario Espiritual y una estrecha vinculación entre los miembros de la Familia, a darnos la fuerza para concretar, extender y profundizar nuestro gran ideal de Familia! Ellos abarcan todo un mundo de ideas.

Esta mañana mencioné un punto del Horario Espiritual: la santa misa. Por favor no olviden que la misa es un medio para lograr una auténtica santidad de la vida diaria, pero a condición de hacer todo lo posible para que ella conforme y oriente nuestro día de trabajo ordinario. Recuerden que no somos soñadores que hablan de grandes ideas religiosas, pero que no las ponen en práctica. Debemos ser prácticos y mantener los pies en la tierra. Así como las montañas de nuestra patria están tan cerca de la tierra como del cielo, nuestra forma de vivir las gracias recibidas en la santa misa debe estar tan cerca de la tierra como del cielo.

Podría referirme a muchos otros puntos [que podrían formar parte del horario espiritual]. Ayer hablamos sobre la lectura espiritual y la meditación. Tal vez ustedes ya han encontrado su propia forma de concretar todo esto en la vida diaria.

2. Una devoción mariana sencilla y profunda

Quisiera referirme a un medio (para lograr la santidad de la vida diaria) en el que ustedes tienen especial interés. Después de todo, vinieron a averiguar si la santísima Virgen quiere realmente establecer aquí su morada como la Madre tres veces Admirable de Schoenstatt. Esto nos sugiere la necesidad de cultivar *una sencilla y profunda devoción a María*.

Incluso, puedo decir que una profunda devoción mariana es *la raíz de nuestra espiritualidad*. Por tanto, todo aquel que se esfuerce por y que en alguna medida haya alcanzado esta profunda vinculación a María, esta intimidad con nuestra santísima Virgen, ha hecho suya la raíz de nuestra santidad de la vida diaria.

Piensen en un maravilloso árbol con frutos. Yo deseo los frutos. Por supuesto, puedo sacar y gustar algunos, y esto me alegra. Pero los frutos pronto se acaban. Por otro lado, puedo sacar un brote de la raíz y plantarlo en mi jardín. Si tengo la raíz, luego tendré el tronco y, después, los frutos. De modo semejante, podemos decir que la raíz de nuestra santidad de la vida diaria se encuentra en una vinculación profunda y cálida a María.

Digo *nuestra* santidad. La palabra «nuestra» puede tener dos sentidos. Significa nuestra santidad *como hijos de Schoenstatt.* Después de todo, se repite en nuestro lema de año: «Santidad mariana de la vida diaria». La santidad schoenstattiana de la vida diaria es siempre mariana, debe tener siempre un aroma mariano. La raíz de nuestra santidad, como hijos de Schoenstatt, debe tener una impronta mariana.[1]

Además, cuando decimos «nuestra», también lo hago pensando en ustedes, que son mujeres; [es decir, me refiero a] una santidad de la vida diaria auténticamente femenina. Como mujeres, deben cultivar un tipo de santidad diferente a la de los hombres, porque ésta debe corresponder a nuestro ser. Si Dios ha dado a las mujeres una estructura ontológi-

---

1 Ver también J. Kentenich, *Priesternot,* retiro para sacerdote de 1939, transcripción no publicada, p. 24: «El espíritu de la santidad de la vida diaria puede verse en casi todas las decisiones de los Papas de las décadas pasadas. La enseñanza de santa Teresa, la Pequeña Flor, está exactamente en la misma línea de lo que dijo Pío X: 'Llevar a la práctica la santidad de la vida diaria consiste en hacer todas las cosas por amor'. Hacer las cosas ordinarias en forma extraordinariamente bien. Esta alternativa tiene dos peligros: buscar signos extraordinarios es un gran peligro para el catolicismo actual. Con seguridad, hay [regalos y gracias] extraordinarios, pero si nuestra Familia es mariana, estas cosas extraordinarias, es decir, cosas que impresionan fuertemente la conciencia pública ocurrirán rara vez. Y si suceden, cúbranlas con un manto de silencio. **La Santísima Virgen es el santo de la vida diaria.** Sus extraordinarios dones y gracias no se destacaron ni dieron a conocer a la conciencia pública. Nosotros no necesitamos oráculos extraordinarios. Lo único extraordinario [que necesitamos] es un sencillo espíritu de fe» (énfasis agregado).

ca diferente[2], su espiritualidad y santidad de la vida diaria también deben ser diferentes y corresponder a la naturaleza femenina. Por tanto, repito: para las mujeres, la santidad mariana de la vida diaria implica una forma de santidad decididamente femenina.

Ahora, no sé qué pensamiento conviene acentuar en este momento: si la dimensión general schoenstattiana y, por tanto, la dimensión mariana, o la dimensión específicamente femenina y, por tanto, mariana. Ambos pensamientos deben resonar al unísono. Ustedes comprenden cuán importante es para nosotros que el amor a María esté profundamente arraigado en nuestras vidas. En la medida en que crece nuestro amor a la santísima Virgen, y mientras más tiernamente la amemos, verán con qué poderosos impulsos y con cuánta protección y ayuda contaremos para vivir la santidad de la vida diaria.

2.1. Santidad femenina de la vida diaria

Tal vez deba dar especial énfasis a la idea de *santidad mariana de la vida diaria*. La santidad de ustedes debe ser decididamente femenina y, por tanto, mariana. Uno de los conceptos fundamentales del cristianismo es el rol de Cristo como ideal de todas las creaturas, en cada etapa de la vida, tanto hombres como mujeres (ver Col 1, 15-20). A esta luz, la santísima Virgen es considerada como la personificación femenina de la imagen de Cristo. Para descubrir cómo debo imitar a Cristo, sólo necesito mirar la imagen de María. Puedo decirles que en ninguna otra parte ha sido tan exalta-

---

2   Ontológica: de o perteneciente a nuestro ser, a quiénes somos.

da la grandeza de la mujer como en el dogma católico, que afirma las cosas más excelsas acerca de la Madre de Dios. De acuerdo al dogma católico, María es la imagen ideal de la persona redimida. No existe ningún individuo meramente humano –Cristo era también Dios– que encarne un ideal tan alto como María. Una mujer como ustedes. Pueden sentirse orgullosas, y con razón. Es muy importante, especialmente en los confusos tiempos que vivimos, tener un fuerte y auténtico sentido de la dignidad de la mujer.

Puedo decir: ¡conoce la dignidad de tu sexo! Lo que no es lo mismo que conocimiento sexual. Tener conciencia de la dignidad del propio sexo significa dos cosas: que yo soy diferente en la naturaleza, pero igual en el valor. La mujer es diferente del hombre. Deben estar orgullosas de ser mujeres y jamás querer asemejarse al hombre. La dignidad de la mujer supone tener conciencia de esta diferencia y, al mismo tiempo, de que ambos tienen el mismo valor. Ante el hombre, nunca debo pensar ni decir: «¡Qué grande es él y cuán pequeña soy yo!». La naturaleza masculina, por ser diferente, complementa la femenina, y viceversa. Qué importante es cultivar la conciencia de que ambos sexos tienen igual valor. Si como mujeres nos dejamos llevar por sentimientos de inferioridad, muy pronto seremos como un fósforo abandonado en la calle, con el cual cualquiera puede jugar. Conocer la dignidad de la mujer implica tener conciencia de las marcadas diferencias de la naturaleza y de la magnífica igualdad en cuanto al valor. Debemos desarrollar esta conciencia en forma esclarecida y mirarnos siempre en la imagen de la santísima Virgen.

Ya hemos dicho que María encarna el ideal más alto de una persona en estado de gracia y, en consecuencia, de lo que significa ser auténticamente humano. Podemos ir más lejos todavía y decir: más allá y por sobre todo, María es el ideal más alto de la perfecta femineidad. Por tanto, si queremos saber cómo es la auténtica femineidad, sólo necesitamos dejarnos cautivar, enamorarnos de la imagen de la Santísima Virgen. Del mismo modo, si queremos saber cómo debe ser la santidad femenina de la vida diaria sólo necesitamos mirar la imagen de María.

En las próximas conferencias examinaremos su imagen más de cerca. Tomaré prestados pintura y pinceles, en parte de la Sagrada Escritura y en parte de la historia. Empezaré a pintar, a bosquejar y dibujar. Pero siempre quedaré corto, porque es Dios quien ha creado la imagen de María, y ni un ángel ni un santo, menos nosotros, podríamos hacerle justicia.

2.2. Rasgos generales de la imagen de María

Empiezo dibujando la imagen de la Santísima Virgen con grandes pinceladas, antes de entrar en detalles en las próximas conferencias.

a) Permítanme empezar con una cita del *Libro del Apocalipsis*. Allí María es llamada «la Mujer vestida de sol» (Ap. 12,1). El sol normalmente representa a Cristo Jesús. Esto es correcto. Pero también podemos darle otra interpretación: la Madre de Dios aparece ante ustedes como la imagen solar de la dignidad y hermosura de la mujer, como la imagen del sol, magnífico compendio de todas las cosas nobles, dignas, femeninas.

b) Permítanme pintar una vez más esta imagen con unas pocas pinceladas. Para comprender realmente cómo la imagen de la santísima Virgen es la imagen ideal de la grandeza femenina, deberán comenzar examinando el *oscuro panorama* de la situación de la mujer a través de los siglos. Por un lado, aparece María en su radiante dignidad; por otro, la mujer desvalorizada y degradada a través de los siglos. El efecto de la luz aumenta cuando la contrastamos con la oscuridad. Todos hemos experimentado este fenómeno, ¡cuán brillante nos parece la luz cuando entramos a una pieza iluminada desde un lugar oscuro!

Esta oscuridad se extiende a través de siglos y milenios. De hecho, la historia de la degradación de la mujer empieza en el Paraíso. Si quieren conocer la historia del verdadero carácter y dignidad de la mujer y la historia de su degeneración y degradación, deben remontarse al Paraíso. En un principio, el hombre y la mujer estaban uno junto al otro y compartían la misma dignidad y realeza. La mujer fue creada de la costilla del hombre; cuando abrió sus ojos, lo primero que vio fue al varón. La mujer fue creada para realizar junto al hombre una gran tarea en la vida. Sobre esta verdad no cabe la menor duda; ésta es también la razón de por qué en el alma de la mujer hay un anhelo tan grande de darse a sí misma. Adán y Eva entraron en la historia con la misma dignidad real. Juntos querían ver, amar y servir al Dios eterno. Y Dios quería que, en el acto de concebir su descendencia, engendraran hijos de Dios tan nobles y con la misma realeza que él les había otorgado. El acto de reproducción estaba, por tanto, diseñado no sólo para engendrar vida meramente natural sino también vida divina. ¡Madre de todo el género humano! (Gn 3,20). Es así cómo Dios quería que la mujer avanzara a través de la historia: al lado del hombre, la mano en la mano, el brazo en el brazo, en mutua complementación y perfección. Éste era el proyecto de Dios.

Eva abusó de su influencia sobre el hombre. Usó mal la influencia que sobre él le había dado Dios; lo tentó y lo indujo a pecar. En ese momento, se decidió el destino que sufrirían todas las mujeres. Ciertamente, el pecado original se hizo efectivo cuando Adán pecó. ¿Pero quién era su compañera, la que lo llevó al pecado? Ustedes dirán «el demonio». Sí, pero a través de la mujer, a través de Eva llegó la hora del destino de la humanidad. Fue también la hora del destino de la dignidad y nobleza de la mujer. Entonces empieza una historia trágica que recorre los siglos. Dios aparece ante Adán y Eva como un Dios vengador, y cada cual será castigado de acuerdo a su pecado. Para Adán será duro; tendrá que ganarse el pan entre espinas y abrojos y con el sudor de su frente (cf Gn 3, 17-19). Y la mujer será la compañera de sus sufrimientos y exilio. Ella estará sujeta a él. Él la dominará. (Gen 3,16). ¿Cuál fue el pecado de Eva? Abusar de su influencia sobre el hombre. ¿Cómo fue castigada? En el futuro estará sometida al hombre y será su compañera en el sufrimiento y en las luchas.

Desde entonces, la concupiscencia humana empezó a romper la relación hombre-mujer querida por Dios. Al poco tiempo, la mujer perdió su dignidad y se convirtió en sirviente del hombre y luego, en su esclava. Ella pecó al no darse a sí misma, y en el don de sí misma fue castigada. La historia se volvió un solo grito que resuena a través de los siglos, el de la mujer atormentada por el yugo de la esclavitud al hombre. ¡Y cómo el hombre ha hecho de ella su esclava! Basta recordar el trato que se le daba en la antigüedad pagana. Y lo que es peor, cómo a través de los siglos se fue acostumbrando a esta esclavitud, al punto de sentirse feliz como esclava. (…)

¿Saben ustedes lo que significa que la mujer llegue a ser objeto de los instintos desordenados del hombre? ¿Qué efectos tiene en el hombre, en los hijos? ¿Qué transmite una mujer a sus hijos si ella misma es dominada por bajos instintos? Necesariamente, la misma degradación. Sabemos que la grandeza moral de la humanidad depende de su actitud frente a la mujer. Si la mujer es degradada, la moral también se degrada.

Con esto tenemos un bosquejo, hecho con unas pocas pinceladas, del oscuro trasfondo que antecede la redención de la mujer, de una época en que ésta es deformada y degradada. Dada la importancia de la mujer para la moralidad de un pueblo, es lógico pensar que si Cristo quiere redimir el mundo, los rayos de la redención, las gracias de la redención deben tocar a la mujer en una forma preeminente. Por tanto, la primera persona preredimida y totalmente redimida fue una mujer, la Madre de Dios. ¡Gracias a Dios! El contexto está claro: el pecado original y el desorden de la naturaleza causados por la agresión masculina han degrado a la mujer y la han arrojado al abismo del pecado. Entonces, cuando el Hombre-Dios quiere redimir el mundo, debe redimir especialmente a la mujer. La santísima Virgen, por lo tanto, se sitúa al comienzo de la historia cristiana por ser el primer ser humano totalmente redimido. Dios la creó, casi me atrevo a decir, en un éxtasis de amor, en un éxtasis de amor y de poder. Ella es su obra de arte, la obra maestra de su gracia. Y es así cómo la santísima Virgen transita, a través de los milenios, como la primera persona totalmente redimida, irradiando gracias y bendiciones.

Sus gracias y bendiciones se hacen evidentes cuando ella visita a Isabel (Lc 1, 39-56). El niño salta en el seno de su madre en el momento del encuentro con María, lo que significa que el niño fue bendecido en y a través de ella. Esto prefigura lo que vendrá más adelante. A su luz, el hijo ya no será más una carga, un mero fruto de la concupiscencia; a su luz, el hijo ya no será más expresión ni consecuencia de instintos animales. En ella, el niño es bendecido.

El hombre [Zacarías], el esposo de Isabel, también empieza a sanar, empieza a hablar. Ustedes se dan cuenta que en la Santísima Virgen el hombre y el hijo son bendecidos.

Finalmente, la mujer empieza a profetizar. Ésta es la tercera fuente de bendiciones; su objeto es la mujer. Imaginen hasta qué punto María eleva la condición femenina y le devuelve su nobleza original. Por favor escuchen atentamente: junto al Hombre que ennoblece de manera especial la naturaleza masculina está la Mujer totalmente redimida y penetrada por la gracia. Aquí Cristo contrasta con Adán, y María con Eva. A su luz redescubrimos toda la nobleza de la auténtica femineidad.

2.3. Un cuadro más detallado de la imagen de María

Si quieren escuchar más detalles sobre la imagen de María, deben recordar:

2.3.1. La dignidad de la mujer en general

• *En la Madre de Dios, la mujer es nuevamente una reina*

Eva era una reina en el orden primordial: se erguía en radiante dignidad junto al rey de la creación. Por su pecado, durante milenios se despojó a sí misma y a todas las mujeres de esta dignidad real. En María, la mujer es reina nuevamente, no sólo porque María es de linaje real sino también porque la gracia impera en ella de manera tan absoluta que, como reina, se yergue totalmente libre de toda concupiscencia.

Esta libertad soberana y noble también toca nuestras vidas. Por ello, queremos vivir en forma tal que todos los que nos miren puedan ver en nuestra frente el misterio de una luz radiante, de la misteriosa corona de María. Si esto no sucede, no podrán vernos como otra María. En la Santísima Virgen, la mujer ha vuelto a ser reina. Ella camina por la vida soberana y libre del dominio de los instintos. Poco a poco, debiéramos ir haciendo también nuestro este noble resplandor (....)

• *En la virginidad*

En la Madre de Dios se nos da una nueva perspectiva del resplandor de la virginidad. El paganismo, incluyendo el nuevo paganismo de nuestra época, está convencido de que la mujer que no se casa es una mujer a medias. Sabemos cómo los nuevos paganos infectan millones de mentes con la visión de una mujer que existiría sólo para el hombre, porque sólo el hombre le daría sentido a su vida. La santísima Virgen nos dice algo muy diferente. Cuando responde: «He aquí la esclava…», ella no dice «… del hombre», sino «…

del Señor» (Lc 1,38). En María, la virginidad resplandece; en ella adquiere el derecho a existir. María no se entrega a un hombre; ella se da al Dios eterno e infinito. Desde entonces, los que queremos permanecer vírgenes no tenemos porqué sentirnos inferiores. No, nosotros hemos escogido al Hijo de un Rey; a él pertenece el poder total de nuestro amor. Yo conozco al Hijo de un Rey. ¿Quién es? Es el Hombre-Dios, el mismo Dios eterno. Así como algunas mujeres se entregan a un hombre en amor matrimonial, esponsal, nosotros, como María lo hizo, nos entregamos al Dios eterno e infinito. Puede ser un sacrificio, pero también es fuente de radiante grandeza.

¿Se dan cuenta de cómo se ennoblece la mujer en la santísima Virgen? El sentido de su existencia no depende totalmente de los hombres; en última instancia depende de Dios. La mujer es persona por derecho propio; no necesita del hombre ni necesita casarse para serlo.

• *En el matrimonio*

La Madre de Dios también ilumina el matrimonio. El matrimonio no es sólo una concesión a la concupiscencia. ¿Qué es el matrimonio? ¿Qué significa tener relación con el otro sexo? ¿Qué límites establece Cristo en esta materia? Si yo deseo con lujuria a alguien en mi pensamiento, he cometido adulterio (cf Mt 5,28). El total apego de Cristo a las leyes del matrimonio es un fuerte muro protector de la dignidad de la mujer. Hasta el punto de que, incluso, mirar a una mujer con lujuria es pecado.

Pero esto no es suficiente. Cuando una mujer se casa, ¿cuál es la visión que se tiene del hijo? En el caso de María, el hijo y el nacimiento del hijo no son expresión de concupiscencia sino de un amor totalmente puro, maternal y al servicio del otro. Como resultado, el hijo que nace de un matrimonio cristiano es el fruto de un amor bendecido por Dios, de un amor profundo, maternal e, incluso, divino. ¡Cuánta dignidad adquiere la vida de la mujer! Es éste un ideal tan elevado que uno bien podría preguntarse: ¿no será acaso demasiado grande como para ser verdad?

• *Como garantía de la moral*

En la Madre de Dios, se valora el ideal de una auténtica mujer y, con ello, los valores morales de un pueblo. La moralidad de un pueblo se mide por el valor que éste dé a la mujer. ¡Qué gran influencia moral ejerce María en la mujer, en el hijo y en el hombre!

Esto nos muestra, en términos generales, la influencia que la santísima Virgen tiene en nuestras vidas. [Ella despierta y asegura] la conciencia de la dignidad de la mujer. El modelo transfigurado del hombre es el Hombre-Dios; el de la mujer es la imagen de la santísima Virgen. Ella es la personificación de la imagen de Cristo. Ella es el Espejo de Justicia. En la imagen de María yo veo radiante mi propia dignidad. ¡Cómo se denigra actualmente la dignidad de la mujer! ¡Cómo son explotadas las mujeres, principalmente por las pasiones más innobles! Por esto, nosotros debemos enamorarnos de la imagen de la Madre de Dios.

Se cuenta que, de niño, a un príncipe austriaco[3] le gustaba mucho contemplarse en un espejo. Al verlo, su tutor pensó que debía intervenir para evitar que el

---

3   El último emperador, Ferdinando III (reinó entre 1637-1657).

niño se convirtiera en un ser vanidoso. Se acercó a él y le pidió que le entregara el espejo. El niño no quería, pero finalmente cedió. ¿Y qué vio el tutor? ¡El vidrio del espejo había sido removido y en su lugar había una imagen de María! Por supuesto que el niño pudo conservarlo y contemplarlo cuántas veces quisiese.

Ése debiese ser también nuestro espejo; en él debiésemos mirarnos con más frecuencia, agradeciendo al Padre eterno por tener en María un ser totalmente humano que resume, en forma perfecta y singular, la auténtica dignidad de la mujer. (....)

Una tarea hermosa y de largo alcance sería pensar [en cómo aplicar esta imagen a la mujer]. Por ejemplo, si en nuestro lugar de trabajo participamos en algún movimiento a favor de los derechos de las mujeres, debemos estar conscientes de que las mujeres, que hoy trabajan fuera del hogar, corren el peligro de perder su femineidad, de llegar a igualarse demasiado a los hombres. Es extremadamente importante preocuparnos de que, en el trabajo, se les dé protección legal y de que reciban salarios justos, pero es, incluso, más importante protegerlas del peligro de tener que ser como hombres. No deben transformarse en hombres, siempre deben ser mujeres. Debieran estar conscientes de cuán diferentes son. Si en sus lugares de trabajo las mujeres vuelven a ser mujeres, salvarán nuestra cultura.

El mundo de la mujer de hoy se ha vuelto demasiado masculino, demasiado carente de corazón y de alma. Sé que esto será muy difícil de cambiar. La mujer debe dar alma a la vida, pues hoy la vida se ha convertido en algo demasiado brutal. En sus lugares de trabajo, las mujeres deben hacer todo lo posible para evitar que las arrastren por el fango. Debemos permanecer fieles a la dignidad original de la mujer, aun cuando todo nos juegue en contra. Es ésta una obra maestra, un ideal que, ciertamente, no es fácil de alcanzar, pero debemos luchar por lograrlo.

Otro hermoso tema de reflexión es considerar qué hace que las mujeres sean únicas. A diferencia del hombre, sus fuerzas se manifiestan en diversas áreas: en la aprehensión intuitiva de la verdad; en la generosa donación de sí misma al servicio de la vida en todas sus facetas: la cultiva, la ayuda, la sirve. Dicho en otras palabras, el carácter único de la mujer se resume especialmente en su inclinación a la pureza, a las cosas del corazón y del alma, a darse a sí misma.

2.3.2. *La filialidad, un camino hacia la imagen de María*

Si examinamos más de cerca este tema, veremos que el ideal de la mujer se parece a un árbol: tiene raíz, tronco y frutos. La raíz es una auténtica filialidad; el tronco es el servicio generoso; el fruto es la capacidad de conocer la verdad intuitivamente, o un instinto para captar la verdad. Este tema se presta para una larga discusión, pero, por ahora, detengámonos en esta imagen e intentemos descubrir cómo llevar este ideal a nuestra vida y en qué forma María nos ayuda a alcanzarlo. La raíz de este árbol es la *filialidad.*

¿Qué entendemos por filialidad?

Significa piedad filial, sencillez filial, pureza filial[4] (....) *¿Pero cómo la practicamos nosotros?* La respuesta general es: la practicamos mirando una y otra vez el «espejo» mariano y tratando de imitar a María. Ella es nuestro ejemplo de piedad filial, de sencillez filial y de pureza filial.

Piedad filial.

Me referiré muy brevemente al respecto. La santísima Virgen es nuestro ejemplo de fe, esperanza y amor filial. Es esto lo que encontraremos en su vida; las claves se encuentran en el *Magnificat* (Lc 1, 46-55). Ella, la Madre bendita, nos muestra la expresión de su filialidad a través de su constante nadar en

- el océano de la misericordia de Dios y
- en la conciencia de su necesidad personal de la misericordia de Dios[5].

• Nadar en el océano de la misericordia de Dios

«El Poderoso ha hecho grandes cosas en mí… Acogió a Israel, acordándose de su misericordia…» ¿Saben qué significa esto? Como individuo, como miembro de una nación y como miembro de una familia, ella nada en el océano de la misericordia de Dios ¡Él tendrá misericordia de su pueblo!

---

4   Los detalles de esta parte de la charla se omiten aquí. El lector puede remitirse al trabajo principal del P. Kentenich sobre filialidad: *Niños ante Dios,* Editorial Patris 1998, especialmente las páginas 443-507.

5   Literalmente: «de su propia miseria personal» *(ihrer eigenen persönlichen Erbärmlichkeit). Erbärmlichkeit* (miseria, pobreza, pequeñez) es la cualidad de quien recibe *Erbarmen* (misericordia). En otras palabras: porque ella es pequeña, ella necesita de la misericordia de Dios.

Dios es todopoderoso y misericordioso. Nos muestra su bondad y su piedad. Estas palabras son fáciles de decir, pero lo importante es que calen muy hondo en nuestras vidas. Nosotros también debemos nadar en el océano de la misericordia de Dios, en el océano que él nos ha abierto como individuos y como Familia. «El Poderoso ha hecho grandes cosas en mí y santo es su nombre».

Nuestros corazones tienen un profundo anhelo de amar y ser amados. La historia de nuestra vida es la historia de nuestro anhelo de amor. ¿Cuándo se hace más grande nuestro amor? Cuando creemos que somos amados, cuando sabemos que somos amados y cuando nos sentimos amados. ¿Cuándo se enciende en nosotros el amor? Cuando encontramos a alguien que nos ofrece su corazón. Un rasgo característico de la santísima Virgen es el no desviar la atención de sí misma por falsa humildad. Ella realmente nada en el océano de las misericordias de Dios.

También nosotros debemos convencernos de que Dios ha hecho grandes cosas en nosotros y que nos ha demostrado su amor. Esto es algo esencialmente personal. «El me ama», debiésemos repetirnos una y otra vez. En general, los santos sólo comenzaron a ser verdaderamente heroicos cuando llegaron a esa convicción: *Dios me ama*.

Si queremos llegar a ser santos de la vida diaria, entonces debemos grabarnos profundamente esta verdad: ¡El me ama! *¡Dilexit me!* (Gal 2, 20). Y yo le respondo con mi amor. Debemos recordar con frecuencia las misericordias de Dios en nuestras vidas. Cómo me ha preservado en mi pureza, en mi integridad. Por eso debemos meditar, especialmente en momentos de tranquilidad, y saborear las misericordias divinas que aún no hemos sido capaces de apreciar; meditar, también al término de cada día, acerca de las grandes cosas que hoy Dios hizo por mí y por mi familia, y agradecer. A veces de pequeños actos, como éstos, han surgido grandes movimientos. ¿No puede aplicarse esto también a nuestras vidas? En el futuro trataré de mantener siempre un «gracias a Dios» en mis labios. Yo soy su hijo favorito, la pupila de sus ojos. ¿Están ustedes convencidas de esto? Un espíritu filial profundo y auténtico implica un constante nadar en el océano de la misericordia de Dios. (....)

• *Nadar en el océano de nuestra necesidad de misericordia*

«El ha mirado la humildad de su sierva», continúa el canto del Magnificat. María se ve a sí misma como la sierva del Señor. Estas palabras no demuestran arrogancia, no quieren decir: «¡Mírenme, cuán llena de gracias soy, cuánto merezco yo ser la Madre de Dios…!».

Mientras mejor comprendamos los fundamentos de la humildad a la que alude María, más capaces seremos de unirnos a su canto: «¡El Poderoso ha hecho grandes cosas en mí!» A los ojos del Dios santo y todopoderoso, ella era un ser creado, su naturaleza no era divina. Si yo soy una mera creatura y lo reconozco, me hago consciente de mi necesidad de misericordia, aunque sólo sea porque comprendo la infinita distancia que existe entre el Padre y su hijo.

¡Con cuánta frecuencia nos sentimos pequeños ante Dios! Esto se debe a que conocemos muy poco a Dios e ignoramos quiénes somos realmente. Debemos sumergirnos en la santidad de Dios y en nuestra pequeñez. ¿He experimentado a fondo el océano de la misericordia de Dios y el océano de mi propia miseria? ¡Qué impresionante es la tensión entre mi propia miseria y la misericordia de Dios! Sin embargo, la santísima Virgen saboreó la cumbre de la misericordia de Dios gracias a su necesidad de misericordia.

Dios me ama inmensamente no sólo porque soy pequeño. Dios no me ama sólo porque él es bueno, sino porque yo soy frágil. Mi pequeñez atrae la misericordia de Dios. El Magníficat nos muestra la ley general que rige todo esto: «Él derribó de sus tronos a los poderosos y ensalzó a los humildes». Ésta es también una de las principales leyes de la filialidad. El Padre celestial es incapaz de resistir la debilidad de sus hijos cuando ellos la reconocen. Reconocer nuestra debilidad es el comienzo de un poderoso crecimiento en el amor. Mientras más conscientes estemos de nuestra pequeñez ante el eterno Dios, más nos elevará él a su grandeza. ¡Cuán inconmensurablemente pequeña debe haberse sentido María al experimentar la presencia de Dios! «¡El exaltó a los pequeños!» Y si su grandeza era tan grande, y si la humildad y la pequeñez son los parámetros que miden la grandeza, entonces la experiencia de su pequeñez debe haber sido muy profunda.

¿Qué nos sucede al sentirnos desvalidos? A veces olvidamos extender nuestras manos hacia la mano de Dios y, al perder esta oportunidad, nos exponemos a caer en el desaliento y en la desesperanza. Un niño que ha cometido una falta sabe que puede recurrir a su padre y a su madre, porque ellos no esperan que su hijo vaya por la vida libre de faltas. El padre y la madre se alegran cuando el hijo reconoce su miseria. Ésta es una gran ley de Dios: mientras más débiles somos, más misericordias derrama él en nuestros corazones. (....)

• *La importancia de nadar en la alegría filial*

Hay todavía un tercer elemento: *nadar en una constante alegría anclada en Dios.* La Santísima Virgen debe haber estado siempre alegre, con la alegría de un niño frente a su padre. «¡Mi espíritu se regocija en Dios mi Salvador!» ¿De dónde proviene su alegría? De su actitud de plena aceptación de la voluntad de Dios Padre, del hacerse una con la voluntad de Dios.

Por eso, siempre podemos estar alegres. Todo hijo verdaderamente filial participa de la misma alegría que experimentó María. Todo lo que el hijo anhela es ser constantemente uno con la voluntad del Padre celestial; su única preocupación es abandonarse a su voluntad. Y esta entrega produce un profundo gozo. «Mi espíritu se regocija en Dios mi Salvador» y en mi salvación. ¡Qué felices seríamos si hiciéramos solamente la voluntad de Dios! Esto es fácil de decir cuando nuestra vida transcurre en la rutina ordinaria y cotidiana, pero es muy difícil cuando nos encontramos entre el martillo y el yunque, cuando recibimos golpes como el de un herrero que moldea el fierro. ¡Cuán fuerte fue nuestra querida Madre en el sufrimiento!

María tuvo muchas alegrías. Ustedes conocen los misterios del Rosario: hay solamente un grupo dedicado al dolor, los otros dos se refieren al gozo y a la gloria. ¿Qué significa esto? Si el rosario realmente refleja la realidad, nos dice que nuestra Madre tuvo una vida llena de gozo. Ahora, no deben pensar que esta alegría es sólo para los días de fiesta.

No, nosotros debiésemos cultivar una auténtica alegría de los días de semana. ¿Cuál es la alegría del día domingo? La que surge cuando sucede algo emocionante. La alegría de los días de semana, o de todos los días, implica abandonarse a la voluntad de Dios. En todos sus sufrimientos, la santísima Virgen pudo decir una y otra vez: «Esto es lo que el Padre ha escogido para mí». (....)

Conclusión

Este año, toda la Familia se ha propuesto conquistar el ideal de la santidad mariana de la vida diaria. Ustedes son como los hijos menores de la Familia. Su rama no tiene muchos años, pero quizás, por lo mismo, sea muy fuerte y vigorosa. Todos nos esforzamos por alcanzar un ideal cautivante y profundo, el gran ideal de la santidad mariana de la vida diaria. Queremos rezar y pedir a nuestra Madre que establezca aquí su morada y que, desde aquí, realice una gran tarea, en un tiempo difícil que probablemente nos afectará también a nosotros [6].

En medio de las grandes ruinas, el Monte Sión[7] debe ser la ciudad desde la cual surja la salvación hacia círculos más amplios. Es nuestro deseo y, por lo tanto, la meta de nuestros esfuerzos, luchar con toda el alma por el alto ideal de la santidad de la vida diaria.

Cuando pertenecemos a nuestra querida Madre, ya no pertenecemos a nadie más. Se dice que al César Tito le

---

6   Alusión a la amenaza de la Segunda Guerra Mundial que estallaría más tarde, ese mismo año (1 de septiembre, 1939).

7   El Convento de las Hermanas cerca de Gommiswald, Suiza, donde se dio este retiro.

gustaba cazar, y que tenía un ciervo por el cual sentía especial afecto. (¡El Cesar y los reyes también pueden tener sus preferencias!). Le preocupaba la vida de su ciervo y temía que los cazadores de su corte pudiesen matarlo sin saber que era su favorito. Para evitar esta desgracia, le había hecho confeccionar un collar de oro y ordenado que se lo pusieran en el cuello. En el collar mandó grabar una inscripción: *Nolite me tangere, quia regis sum!* ¡No me toques, yo pertenezco al Rey!

Cuando nos hemos entregado a la Santísima Virgen, llevamos en el alma una inscripción que dice: ¡Lejos la influencia del demonio! ¡Yo soy hijo predilecto de la Reina! Esposa real, hijo favorito. En el alma llevo la inscripción: *Quia Regis, Reginae sum.* Porque pertenezco al Rey y a la Reina!

Esto es lo que grito a aquellos que quieren hacerme daño: «¡Pertenezco a la Santísima Virgen! ¡Pertenezco a la Reina y al Rey, al eterno Dios; [yo soy] su hijo predilecto! ¡Aléjate, espíritu de Satanás! ¡Yo pertenezco incondicionalmente a nuestra querida Madre y al eterno Dios!»

Nos cum prole pia - benedicat Virgo Maria [Con Cristo, su Hijo, nos bendiga la Virgen María]

TERCERA PARTE

Textos Complementarios

INTRODUCCIÓN

Dos temas centrales de la santidad de la vida diaria merecen un trato más amplio en esta colección de textos: el trabajo y la oración.

En esta sección, los tres primeros textos seleccionados se refieren a temas relevantes al trabajo y justicia social. Ellos ayudan a dar una perspectiva más amplia al significado del trabajo, la santidad y el tipo de justicia social necesarios para dignificar a la persona humana.

El capítulo final de esta sección presenta una visión más concreta del santo de la vida diaria y de las formas prácticas de llevar una vida de oración.

Capítulo 7
CARENCIA DE RAÍCES DEL TRABAJADOR MODERNO

El siguiente texto[1] proviene de una conferencia para mujeres educadoras dada por el P. Kentenich en 1930, en medio de la Gran Depresión. En ella se refirió a la educación y sus desafíos a la luz de la revolución industrial.

Aquí, el P. Kentenich se refiere al desafío de restaurar la dignidad del trabajo querida por Dios. Señala cómo el trabajo moderno ha perdido todos los vínculos necesarios para ser más humano y agradable. Se refiere principalmente a la situación del pobre que trabaja (como era el caso de los trabajadores de la industria alemana de ese tiempo, cuyas condiciones de trabajo eran casi de esclavos), pero los principios en los que se basa se aplican a muchos problemas laborales y en todas las etapas de la vida.

Su punto de partida es el desarraigo radical en que tan a menudo se encuentra el trabajador moderno...

---

1 Conferencias para mujeres educadoras, 10-13 de junio de 1930, en: *Zur sozialen Frage: Industriepädagogische Tagung* (Vallendar-Schoenstatt, 1990), p. 226 s., 229-235.

¿Cómo es este desarraigo total? Permítanme resumir esta situación de la siguiente manera: el trabajador asalariado moderno carece de la dignidad que una vez tuvieron los oficios; carece de profesión, de hogar, de raíces, de empleo, de esperanzas. Un cuadro desolador. ¿Y cómo se manifiesta esta total ausencia de raíces?

I. Pérdida de la dignidad del trabajador

En primer lugar, se ha privado al trabajador asalariado moderno de la dignidad profesional que una vez tuvo[2]. ¿Por qué? Como hemos visto en nuestros debates históricos, la mecanización y las corrientes de pensamiento social contemporáneo han despojado al trabajador, lenta pero radicalmente, de todas las vinculaciones tradicionales, incluyendo la dignidad que se reconocía a todo trabajador. El advenimiento de la máquina rompió todos los vínculos a las raíces propias del orden de ser del hombre. Esto ha dejado al trabajador moderno sin la dignidad que antaño se reconocía a toda persona que desempeñaba un oficio.

II. Pérdida de la vocación profesional

En segundo lugar, el trabajador moderno no tiene vocación ni profesión u oficio. Tener una profesión no es lo mismo que tener un trabajo. Una auténtica profesión u oficio permite desarrollar la capacidad creadora. Cuando se ejerce una profesión genuina y auténtica, que permite crear, se experimenta, al menos en algún grado, la satisfacción de ese anhelo innato y profundo [de ser creativo]. Pero quien no puede crear, se limita a producir. Y «producir» a nadie hace verdaderamente feliz, y menos todavía a las personas que tienen altos ideales y una visión propia de los desafíos de la vida. ¿Creen que el trabajador de una fábrica moderna puede ver su trabajo como una vocación? Todos sabemos

---

2   En alemán: *standlos*, literalmente: sin una ocupación o estado de vida. Se puede interpretar también como pérdida de la conciencia de que mi trabajo es una ocupación valiosa (campesino, sastre, panadero, etc.), que ayuda a construir la sociedad, y que pertenezco a un grupo que hace una contribución valiosa a la sociedad.

cuán poco espacio deja ese tipo de trabajo al desarrollo de la creatividad personal.

Ustedes verán cómo los desarrollos que tienen lugar en Norteamérica harán que, en un futuro cercano, las cosas empeoren. No sé si se han enterado de la tendencia a automatizar aún más la producción en serie. La capacidad y productividad humanas son objeto de exhaustivos análisis, pues hoy se trata al ser humano como a una máquina a la que hay que sacar el máximo rendimiento. (....)

Nunca lograremos agradecer suficientemente a Dios por tener una profesión[3]. Y aunque las cosas no siempre resulten como quisiéramos, no nos dejamos desalentar. Por eso, al servir a otros, debemos tener presente cómo ayudarlos a ser más genuinamente creativos. En el caso de ustedes, ¿cómo pueden ayudar a las mujeres y niñas a su cargo, a desarrollar la maternidad? Ésa es la fuerza creadora más profunda que posee la mujer.

III. Pérdida del hogar

En tercer lugar, el trabajador ha perdido su hogar. Y con tristeza debemos admitir que tampoco lo encuentra en la Iglesia, pues actualmente es difícil sentirse en casa en las megaparroquias.

En este contexto, la carencia de hogar se refiere a tres cosas:

Primero: Para el trabajador, el lugar de trabajo no es un lugar donde vive y se desarrolla *(Lebensraum)* sino solamente

---

3   El P. Kentenich se dirige a profesoras, especialmente de niñas y mujeres adultas.

un lugar donde trabaja *(Arbeitsraum)* y donde su espíritu no puede sentirse verdaderamente apoyado ni vinculado. Es un lugar donde sólo importa optimizar la productividad.

Segundo: También carece de hogar en su casa. La escasez de viviendas nos da una idea del problema, aunque carecer de hogar implica más que no tener un techo. Pensemos, por ejemplo, en la falta de vivienda digna. Porque, aquellas de ustedes que trabajan con niños [como educadoras], en fábricas, saben cuán insuficientes son las viviendas. ¿Corresponden a la dignidad de la persona humana? ¿Puede una familia desarrollarse moralmente sana si todos tienen que vivir en un departamento de dos piezas o incluso de una? ¿Si todos los acontecimientos de su vida deben tener lugar en ese espacio? La misma pieza debe ser dormitorio, cocina, enfermería y lugar donde se nace y se muere.

¡Qué difícil es mantener la pureza moral en un lugar semejante! ¡Qué difícil conservar y enseñar la dignidad de madre! A todo esto, hoy se agrega el mal ejemplo moral de los ricos y famosos. Su estilo de vida es profundamente inmoral. ¿Se imaginan el impacto que esto tiene en los trabajadores que deben vivir hacinados en un espacio mínimo? ¿Comprenden con qué facilidad se puede llegar al incesto? ¿Por qué un trabajador sencillo puede sentir temor de confesarse? En esas circunstancias basta soportar una presión más para que se rompa la última hebra que los une a la Iglesia. Debemos tomar conciencia y reflexionar seriamente sobre todas estas cosas, sobre las experiencias que hemos vivido al visitar estas familias. Sólo así lograremos ser más comprensivos y compasivos; sólo entonces podremos amar de verdad y de corazón a las personas que se han visto obligadas a crecer en circunstancias tan difíciles. Sólo entonces lograremos comprender a nuestros jóvenes y niños.

Piensen un momento en la realidad de sus vidas: durante el día, los jóvenes deben permanecer amontonados en oficinas y fábricas sin ningún rastro de espíritu familiar. Todo es trabajo, cables y ruedas, al punto de excluir todo lo demás. Cuando salen del trabajo y regresan a casa, ¿qué les espera? Lo que ya he descrito. Agreguen a esto la falta de una atmósfera hogareña y atractiva en casa, porque nuestras mujeres tienen muy poca habilidad para transformar una casa en un hogar. Y cuando la propia casa no es hogar, entonces uno se va a cualquier parte a buscar felicidad. ¿Comprenden ahora cómo el trabajo sin sentido lleva a la juventud a buscar esparcimientos que tampoco tienen sentido? Ellos quieren disfrutar de los placeres de la vida, como ir al cine, por ejemplo. No quieren quedarse atrás.

Lo que aquí hacemos es tratar de comprender porqué las cosas son como son; no estamos diciendo que todo esto esté bien. No obstante, es importante entender que este tipo de atmósfera sofoca la fe. Sólo los que aman y compadecen a nuestros pobres y a nuestra juventud tienen el instinto que se requiere para salvar lo que puede ser salvado. Sólo el amor es capaz de construir puentes allí donde no tenemos el poder de cambiar las pesadas cargas laborales y económicas. Entonces, nosotros, o al menos los que somos católicos y tenemos suficiente sensibilidad como para percibir la inmortalidad del alma y la vida divina, también seremos capaces de escuchar el grito de la juventud que clama por redención. Los jóvenes quieren ser despertados, quieren experimentar la satisfacción de dejar su huella en el mundo. No sólo quieren pan, no sólo benevolencia, sino también justicia.

Lo que hemos dicho de la juventud también se aplica a los niños. Una vez más: no estamos diciendo que todo esto esté bien, sino que debemos entender cómo, en las circunstancias adversas antes descritas, el corazón se hace menos sensible a la vida de la fe, a la religión. [Nos ayuda] también a comprender por qué estos niños reciben con entusiasmo el mensaje que les llevamos, sólo para desecharlo unos días después. Hoy pueden ser pequeños santos, pero mañana y pasado mañana, pequeños «demonios». Es importante comprender estas palabras: «Mi corazón siente compasión por esta multitud» (Mt 15, 32; Mc 8,2).

Todo esto nos lleva a apreciar la inmensa bendición que significa haber crecido en otras circunstancias. Nosotros tenemos suficiente para comer y gozamos de muchos regalos materiales y sobrenaturales. ¡Qué insignificantes son las molestias que nos toca enfrentar! Incluso así logran enervarnos como, por ejemplo, el desagrado que nos produce un compañero de trabajo… ¡Son problemas que ni siquiera vale la pena mencionar si se los compara con el peso que deben soportar los pobres!

Como ven, la carencia de hogar que sufren los pobres significa no tener hogar ni en el trabajo ni en sus casas.

Tercero: *Carencia de hogar también significa «carencia de familia».* ¿Por qué «carencia de familia»? Incluso cuando los esposos se aman, ¿les resulta fácil vivir como familia? Basta recordar cuántas familias necesitan dos o incluso más fuentes de ingreso para sobrevivir. Piensen cuán pocas mujeres son capaces de hacer de su casa un verdadero hogar. Aquellas de ustedes que trabajan con estas personas debiesen ser capaces de hacer un aporte real y efectivo. Deben enseñar, en primer lugar, con el ejemplo; pero también, dar cursos sobre las pequeñas cosas que pueden hacer de la casa un hogar. Debemos hacer esto mismo en nuestras organizaciones católicas. Nuestras organizaciones de niños están haciendo mucho en este sentido; por ejemplo, se esfuerzan en arreglar bien la mesa, en hacer las cosas en forma sencilla pero atrayente. Debemos dar importancia a este aspecto de la vida, especialmente en el trabajo con las familias, de otra manera, nuestro trabajo es sólo un poco más significativo que el de una empleada doméstica.

Si a esto agregan las enfermedades que aquejan a los pobres –ya sea tuberculosis o enfermedades venéreas– el cuadro se vuelve realmente desolador.

IV. Falta de medios materiales

Hemos analizado tres puntos: falta de dignidad del trabajador, falta de profesión, falta de hogar. Un cuarto punto se refiere a la falta de medios materiales.

Piensen en las circunstancias de una familia cristiana promedio. Normalmente esperamos que haya un padre, una madre, muchos niños. Por supuesto, no todas tienen que ser igualmente numerosas, pero supongamos que la familia promedio tiene seis miembros. En circunstancias normales, el papá debiera ganar lo suficiente como para mantener dignamente a su esposa e hijos y para darles una educación. Ahora, considerando lo bajo que son los sueldos hoy día, pregúntense si una familia de seis personas puede sobrevivir con un solo sueldo. Permítanme reiterar cuán importante es relacionar esta realidad con sus propias experiencias, porque sólo así podrán identificarse con los sentimientos de nuestro pueblo. Ello, a su vez, las ayudará a demostrar preocupación por el otro, a ser amables, maternales y justas.

V. Falta de trabajo

A la falta de medios materiales se agrega la cesantía y la falta de esperanza. ¿Se dan cuenta del significado educacional del trabajo? Muchas personas nobles piden a Dios la gracia de trabajar hasta el fin de sus días. Ahora, observen a los cesantes en las calles, sin ninguna esperanza de cambio. ¿Se imaginan el impacto que esto tiene en el espíritu y en la moral de una persona? ¿Se imaginan la carga, la dura carga que pesa sobre toda la familia?

¡Piensen con cuánta rapidez nosotros nos defendemos de las dificultades y buscamos escape y descanso! Si alguien nos ofende, nos hiere los sentimientos, si las cosas no resultan como queremos, si nos sentimos descontentos, buscamos un escape, incluso en algo tan sencillo como una visita a la capilla. ¿Puede ser tan malo, entonces, que los niños pobres busquen relajarse en forma a veces no muy respetable? ¿O que se porten mal en el colegio? Piensen en las niñas que caen en la prostitución. Ellas son tan sólo el fruto de la extrema pobreza económica de nuestra época. Queremos aprender de estas cosas. «Mi corazón siente compasión por el pueblo». Por supuesto, exteriormente debemos tener mano firme, pero en nuestro interior debemos mantener un espíritu ecuánime: tranquilo, paciente, amable.

VI. Falta de esperanza

Finalmente, hay desesperanza. Esto significa absolutamente ninguna esperanza de que mejoren las condiciones de vida. A corto plazo, las cosas pueden mejorar para algunas personas pero, por ahora, el trabajador asalariado no tiene esperanza. Si ustedes se permiten ver lo que todo esto significa, si dejan que esta imagen realmente les llegue, les será más fácil repetir con el Señor: «Mi corazón siente compasión por este pueblo».

Capítulo 8

TRABAJO Y SANTIDAD EN EL MUNDO

Esta selección[1] fue tomada de una conferencia para matrimonios dada por el P. Kentenich en Madison, Wisconsin, probablemente en abril o mayo de 1955. El P. Kentenich dio esta conferencia en alemán y sus palabras fueron traducidas al inglés, frase por frase. La única transcripción existente proviene de las notas de la traducción al inglés. A pesar de que resultó un texto no muy acabado, contiene importantes conceptos sobre la interacción entre trabajo y santidad en el mundo.

Para ayudar al lector, la transcripción fue corregida a fin de darle mayor claridad y para hacerla más coherente con la terminología que se emplea en el resto del libro.

---

1   Charla para matrimonios, dada en Madison, Wisconsin, probablemente en abril o mayo de 1955. Ver Henry Gmeninder (ed.), *Recollection of Father Joseph Kentenich by Madison, Wisconsin, families and single women.* (Madison, 1992), pp. 167-173.

I. Santidad en el mundo

Los laicos demuestran hoy un gran anhelo de encontrar medios que los ayuden a ser santos en el mundo. Muchas personas creen que, para llegar a ser santo, hay que entrar a un convento. San Francisco de Sales, sin embargo, estaba convencido de que hay que llevar la santidad desde los conventos a la vida diaria del mundo. La Acción Católica[2] hace mucho en este sentido; nos da la oportunidad de llegar a ser santos en el mundo, incluso santos canonizados.

Ahora, lo primero que cabe preguntarnos es cuál debe ser nuestra actitud frente a las actividades, personas y cosas del mundo que median entre nosotros y Dios, y de las cuales debemos hacernos cargo los que vivimos en el mundo, pero no así las personas que viven en un convento. ¿Cuál debe ser nuestra actitud frente a ellas, para que nos ayuden en nuestro camino a la santidad?

Ejemplos de estos «intermediarios» (entre Dios y yo) son el cónyuge, el trabajo y todos los bienes del mundo. Les he contado de un retiro que di [años atrás] en un monasterio trapense. A pesar de que, en general, la Iglesia embellece el culto y la liturgia, mediante cánticos como el Aleluya, etc., los trapenses hacen lo posible para que todo sea muy simple, para dejar lo mínimo, sólo lo indispensable, entre Dios y sus almas. (….)

En los primeros tiempos de la Iglesia, algunos se iban al desierto para alejarse de todo lo que pudiese interferir entre ellos y Dios. Los monjes de la Cartuja llegaron incluso a

---

2   Iniciativa del Papa Pío XI, la cual, especialmente desde 1925, se llevó a todo el mundo a fin de dar al laicado un papel activo en el apostolado de la Iglesia.

vivir separados: cada uno en una pequeña casa, donde permanecían solos durante todo el día.

Ahora, nosotros, los que estamos en el mundo, no podemos hacer eso, no podemos huir de las cosas del mundo. Una esposa no puede decidir: «me vestiré en forma muy simple, sin ningún adorno», sin pensar en lo que agrada a su esposo. Y si un hombre sale a pasear en su auto para estar solo, de hecho está haciendo uso de una cosa, el auto, que está entre Dios y él.

¿Cómo puedo usar estos «intermediarios» entre Dios y yo para que me ayuden a llegar al cielo?

Ambos caminos tienen derecho a existir, también el que postula la necesidad de apartar todo lo que esté entre Dios y el hombre, a fin de evitar el peligro de transformarse en esclavo de las cosas. El peligro consiste en pensar que éste sea el único camino a la santidad. Las personas que viven en el mundo también tienen derecho a existir, de lo contrario nos veríamos forzados a afirmar que aquellos que no viven en un convento están a merced del demonio. De hecho, algunas personas que viven en el mundo piensan que si bien pueden llegar al cielo, allí los lugares más elevados se reservan exclusivamente a los que viven en un convento.

Debemos hacer lo posible para que las familias de Schoenstatt lleguen a ser santas, para que en ellas se den santos, incluso canonizados, que viven en el mundo. Sería un gran error creer que los santos canonizados son las personas que han alcanzado el mayor grado de santidad; de hecho, algunos reciben esta dignidad por haber cumplido una misión especial para su tiempo.

La mayoría de los laicos no saben –y no se les enseña– cómo luchar por la santidad. San Francisco de Sales dio el primer paso al escribir su Filotea; fue el primero en decir que es posible ser santo en cualquier estado de vida: *Santidad es hacer santamente el trabajo que te corresponda según tu estado de vida.* ¿Cuál es, entonces, el mayor obstáculo a la santidad que encontramos en el mundo?

II. La esencia de la santidad

¿Cuál es la esencia de la santidad? ¿Éste o aquél ejercicio espiritual? ¿Es ir a misa? No, ni siquiera recibir la santa comunión. [La esencia es ésta:] *una constante unión con Dios y un profundo amor a Dios,* que se expresa en la vida real y en forma concreta.

¿Cuál es el mayor obstáculo que encuentran las personas que viven en el mundo para su relación con Dios? El apegarse a los intermediarios entre Dios y el hombre en forma tal que éstos se transforman en obstáculos para vivir más cerca de Dios. Sin embargo, no es posible desprenderse de todo. Un hombre no puede, por ejemplo, renunciar al trabajo so pretexto de que el continuo contacto con la gente y las actividades que éste requiere obstaculizan su contacto con Dios. Y, en consecuencia, decide quedarse rezando en casa; y si su esposa lo interrumpe, también renuncia a ella y la despide. Una actitud así significaría dejar al demonio todas las cosas de este mundo. Entonces, el comunismo ateo, entre otros, debiera ocuparse de todo, porque nosotros, los cristianos, no somos capaces de santificar las cosas del mundo. Debemos consagrar el mundo, no secularizarlo. Y consagrar el mundo a Dios es tarea que nos corresponde.

III. Relacionar todo con Dios

La economía moderna no considera la relación que existe entre Dios y las cosas; todo lo ve separado de Dios. Nuestros estadistas no toman en cuenta a Dios cuando se reúnen; las artes y las ciencias modernas, la vida pública, todos los detalles de la vida diaria, como comer y beber, están separados de Dios, se hacen sin Dios y, en la mayoría de los casos, incluso nos separan aún más de Dios. Cuando vamos a la iglesia, rezamos y pensamos en Dios, pero el resto del tiempo buscamos el aplauso humano más que la aprobación divina. En la iglesia rezamos, pero fuera de la iglesia sólo nos ocupamos de nuestros negocios. ¡Cristianos de día domingo y paganos de todos los días!

¡Cuán ausente está Dios de nuestras relaciones más íntimas, como del amor sexual, por ejemplo! Simplemente no vemos que todas ellas vienen de Dios. ¿Cuál es la clave de la santidad? No consiste en huir de estas cosas. (….), por el contrario, todo lo que no es de Dios debe ser puesto en relación con Dios.

Pensemos en la vinculación a las cosas, al trabajo, a las cruces, al prójimo, y preguntémonos: ¿Cómo puedo vincularme a todo ello y permanecer unido a Dios? ¿Trabajando sólo las horas a las que estoy obligado para poder dedicar el resto del tiempo a rezar? Lo que necesito es una adecuada armonía entre mi trabajo y mi relación con Dios. ¿Pero qué puedo hacer para que mi trabajo no obstaculice mi amor a Dios? Por otra parte, ¿qué puedo hacer para que mi amor a Dios me *ayude* a hacer mejor mi trabajo? Como católico, yo debiera ser excelente en mi trabajo, incluso tengo derecho a esforzarme por llegar a ser millonario. A pesar de que a nosotros nos están vedadas las prácticas habituales de muchos hombres de negocios, debemos ser honrados en nuestros negocios; la vinculación con Dios debiera ayudarnos a hacer bien nuestro trabajo y a ganar dinero. Debiéramos encontrar la forma no sólo de sobrevivir, sino también de prosperar.

Este mismo principio se aplica al sufrimiento y a las cruces. A menudo éstas alejan a las personas de Dios; y limitarse a ir a misa y comulgar no es siempre la respuesta. Debemos aprender a enfrentar las cruces que Dios nos envía; no podemos permitir que nuestra vinculación con Dios se vea obstaculizada por tantas cosas que pueden introducirse entre Dios y nosotros. No podemos abandonar nuestro trabajo y volvernos ermitaños.

¡Permanezcan en el mundo y, mediante el amor a Dios, aprendan a trabajar mejor!

IV. Claves para elevar y santificar el trabajo

Cabe preguntarnos: «¿Cuál es la esencia del trabajo?». En nuestro tiempo, el trabajo se ve separado de Dios, se considera sólo un medio para crear valores económicos. Ésta es la visión que el marxismo tiene del trabajo. Se piensa que el valor del trabajo reside sólo en el número de horas trabajadas y en el monto y costo de la producción. Por ejemplo, su trabajo es valioso si usted imprime muchos libros y éstos tienen un gran valor. Puede que el capitalismo tenga el poder de transformar el mundo, pero lo que destaca en sus obras es el trabajo que éstas implicaron [y no Dios].

La relación entre el trabajo y Dios consiste en que *el trabajo es participación en la actividad creadora y comunicadora de Dios y, por tanto, en la actividad de amor de Dios.*

Si esculpo una estatua, puedo hacerlo sólo para venderla y ganar dinero, o también para participar en la actividad creadora de Dios al crear algo con su ayuda. [En este último caso], mi trabajo como artista no consiste tan sólo en poner en práctica los talentos que Dios me ha dado sino que también los comparto con las personas que gozarán de mi arte. Mi trabajo expresa mi amor a Dios y el deseo de compartir con otros su amor por mí. Además, participando en la obra de la creación de Dios, también puedo ganarme la vida.

1. Creatividad

El trabajo es una participación en la actividad creadora y comunicadora de Dios. Es un acto de donación. Un «creador» no puede sino «crear». Por ejemplo, si un artista hace algo para su esposa, junto a la obra de arte se dona también a sí mismo. Hoy día muchas personas se enferman porque el sistema económico moderno ha erradicado el trabajo creativo. Las personas han pasado a ser tan sólo «agentes de productividad» y no «creadores». Sin embargo, nadie puede vivir sanamente si su trabajo consiste sólo en una actividad rutinaria y mecánica que no ofrece ninguna oportunidad de crear y participar en la actividad creadora de Dios. ¡Debemos transformarnos en creadores, aunque nuestro trabajo sea mecánico!

Un zapatero que repite el mismo remiendo todo el día tal vez gane lo suficiente para vivir y, con el tiempo, el doble de esa cantidad. Ha resuelto su problema financiero, pero la gran pregunta es: ¿se ha vuelto más creativo?

El dinero no puede llenar el corazón del hombre. Una persona sólo puede ser feliz en la medida en que su trabajo sea creativo, o que llene una necesidad que proviene del fondo de sí mismo.

2. Comunicación de sí mismo (dar alma)

Con mucho dinero un hombre puede comprar todo lo que quiera y necesite para hacer funcionar y decorar una casa. Pero tal vez a la esposa no le guste el resultado. Entonces ella cambia de lugar unas cuantas cosas y...*¡voilá!*... ¡la casa queda transformada!. La creatividad de la mujer consiste en dar alma a las cosas. Los hombres, en cambio, tienden a ponerlas una al lado de la otra sin mayor preocupación por el efecto que produce el conjunto. Este ejemplo ilustra cómo parte del trabajo consiste en dar alma a las cosas.

Crear con afecto es poner el corazón en lo que se hace; no consiste, necesariamente, en decir cosas agradables que gusten a los demás. No sólo significa disfrutar haciendo algo que nos llena; también es ayudar a que otros gocen con el resultado de nuestras obras. Por ejemplo, un esposo quiere regalar a su esposa algo muy especial cuando nazca su hijo, algo que la haga realmente feliz. Entonces decide sorprenderla con una obra de arte hecha por él; y mientras trabaja, goza pensando en la alegría que le dará. Su afecto pasa a formar parte integral de su trabajo; cada pincelada que da se transforma en un acto de amor por ella. Cuando el artista pinta un cuadro para su esposa, pone su corazón en su trabajo; pero cuando pinta para vender, lo hace por una determinada cantidad de dinero.

V.   Resumen y aplicaciones

El trabajo puede implicar los tres puntos siguientes:

1. Poner el corazón en el trabajo, donarse a sí mismo, hacerlo con afecto.

2. El gozo de crear.

3. Trabajar para ganar dinero.

Por ejemplo: una esposa no tiene nada que hacer durante el día sino limpiar la casa. [Para dar un mayor significado a ese trabajo] ella debiera:

- descubrir el aspecto creativo de su trabajo;
- dar alma a su trabajo;
- relacionar su trabajo con el deseo de hacer feliz a alguien.

Una buena actitud sería pensar que la casa pertenece a la santísima Virgen, que ella le encomienda ese trabajo y que desea realizarlo lo mejor posible; poner el corazón en el trabajo y también pensar que ello hará feliz al esposo.

Es muy difícil, sin embargo, dar un sentido creativo al trabajo mecanizado, al trabajo industrial en líneas de producción en serie. Después de la Primera Guerra Mundial, muchas personas quedaron cesantes en Alemania y no sabían qué hacer. Éste fue el caso de un hombre casado, sin trabajo, a quien le costaba mucho la fidelidad matrimonial. Su confesor, que era un hombre sensato, se dio cuenta de que su problema radicaba fundamentalmente en la falta de un trabajo creativo. Como tenía seis hijos, el sacerdote le sugirió que fabricara juguetes para los niños. Inmediatamente cesaron las tentaciones, y no sólo gracias al trabajo sino al hecho de que se trataba de un trabajo creativo. Al orientar sus impulsos vitales hacia una actividad creadora, ya no necesitó darles salida a través del impulso sexual. Estos ejemplos nos muestran la importancia del sentido cristiano del trabajo: no es tan sólo una actividad que nos permite ganar dinero; también es una forma de participar en la actividad creadora de Dios.

Puedo limpiar una pieza porque me gusta la limpieza o también para que en esa pieza se refleje la pureza de Dios, y que esto me motive a limpiarla lo mejor posible. La pieza es una cosa que media entre Dios y yo, pero al limpiarla lo mejor que puedo, me acerca a Dios en vez de alejarme de él. Esto hace de mi trabajo una expresión de mi amor a Dios y a su Madre. Es una oración. Algo equivocado habría en mi esfuerzo por la santidad si me pasara el día entero arrodillado rezando el rosario, y que todos los rincones de mi casa estuvieran llenos de basura.

Si mi lugar de trabajo no se apega al estilo de vida cristiano, y yo necesito ese trabajo para vivir, entonces trato de darle alma. Cuando tengo demasiado trabajo (problema que enfrentan los sacerdotes: la carga de trabajo y la escasez de sacerdotes hace que su trabajo pueda llegar a mecanizarse por falta de tiempo para hacerlo como se debe, para darle alma) o éste va contra mis principios, enfrento un gran dilema nada fácil de resolver.

Traten[3] de participar en la obra de Dios a través de su trabajo. Si no les gusta, si no pueden gozar de él, entonces *este sacrificio* puede ser el trabajo creativo que ustedes aportan al Cuerpo Místico de Cristo. Esto requiere un alto grado de vida sobrenatural, porque nuestra naturaleza se rebela contra ello. En estos casos, o uno trata de seguir adelante sólo con el poder de la voluntad (lo que no puede durar mucho tiempo) o da un salto hacia lo sobrenatural para sobrevivir a este tipo de trabajo.

VI. Conclusión: el ermitaño y la sirviente

Según cuenta una leyenda, un ermitaño que había abandonado todas las cosas del mundo, un día se preguntó si era posible que alguien viviera más cerca de Dios de lo que él vivía. Entonces se le apareció un ángel y le dijo que le mostraría a una persona más buena que él, y que no vivía como ermitaña; más aún, vivía en medio de una ciudad. El ángel lo llevó a la ciudad y lo dejó en un gran edificio. Allí el ermitaño se encontró con un hombre y le contó cómo, para estar más cerca de Dios, vivía lejos del mundo, rezaba todo el día y comía sólo lo suficiente para sobrevivir. Una niña que lo escuchaba, le dijo que ella no podría vivir así pues tenía que trabajar todo el día para sobrevivir y, como trabajaba mucho, le quedaba poco tiempo para rezar. Pero, a cambio, todo lo hacía lo mejor posible. El ermitaño le preguntó cómo se las arreglaba para vivir así, a lo que ella respondió que aprovechaba todas las oportunidades que se le presentaban para estar con Dios: en la mañana, a la hora de levantarse, se decía: «debo levantarme tal como espero

---

3   Este párrafo ha sido trasladado desde el final de la conferencia.

hacerlo el último día». Cuando se vestía, recordaba que la santísima Virgen no había tenido mucha ropa para cubrir al niño Dios, y cómo despojaron a Jesús de sus vestiduras antes de ser crucificado. Cuando cocinaba, veía en el fuego un símbolo del gran amor de Dios, y decía a la santísima Virgen que ella anhelaba amarlo más que nadie en el mundo. Cuando limpiaba su pieza, trataba de transformarla en un reflejo de la pureza de Dios… y así continuaba todo el día mientras trabajaba. El ermitaño volvió al desierto, pero ahora consciente de que en el mundo había personas amadas por Dios, que eran incluso más perfectas que él.

El esfuerzo por hacer bien nuestro trabajo es también una forma de oración.

Capítulo 9
JUSTICIA SOCIAL

El siguiente texto[1] proviene de una conferencia dada por el P. Kentenich a un grupo de matrimonios en Madison, Wisconsin, el 22 de mayo de 1955. Tal como el capítulo anterior, la única transcripción existente se basa en las notas de la traducción simultánea al inglés. Estos apuntes han sido trabajados para clarificar el idioma y para emplear una terminología más adecuada al tema.

El texto enfoca varios aspectos de la justicia social. En este sentido, nos ayuda a formarnos una idea más acabada de la visión del P. Kentenich respecto del trabajo en el contexto del mundo moderno.

---

1 Conferencia a matrimonios, Madison, Wisconsin, 22 de mayo de 1955. Ver: Henry Gmeinder (ed.), *Recollections of Father Joseph Kentenich by Madison, Wisconsin, Families and Single Women* (Madison, 1992), p. 158-163. (Énfasis agregado).

I. Clave de la justicia social: la persona humana

La justicia social requiere un profundo respeto por la persona humana. Lo esencial no reside en el aspecto económico, en la cantidad de dinero que se pague al trabajador: mucho más importante es el respeto por su persona. Puede que los trabajadores logren mejorar sus salarios recurriendo a la huelga, pero su relación con el empleador no cambia, y la relación que actualmente prevalece entre empleadores y empleados deja mucho que desear.

Cabe preguntarse: ¿Cuál es la esencia del ser humano? Desde un determinado punto de vista, todos somos iguales: el pobre y el rico, el presidente y el trabajador. Todo depende de la respuesta que se dé [a esta pregunta]. Si un hombre es visto tan sólo como una de las innumerables piezas que componen una máquina, cuando una de ésta se echa a perder, evidentemente hay que desecharla pues deja de prestar utilidad. Pero si concebimos al hombre como *imagen de Dios, como imagen natural y sobrenatural de Dios,* entonces todo ser humano adquiere una dignidad infinita. Y esto nos lleva a concluir que todas las personas comparten derechos fundamentales que se basan en la dignidad de la persona humana.

[Por ejemplo], mi dignidad personal me da derecho a poseer una cantidad suficiente de bienes materiales. Si pago a mis trabajadores un salario justo en virtud de este principio, entonces no lo hago en respuesta a una huelga sino porque pienso que la dignidad humana implica el derecho a llevar una vida decente. Pero si no tengo en cuenta este principio, puede que incluso pagándoles más dinero los trate como esclavos y, en ese caso, no les estoy dando el trato que les corresponde como seres humanos. Cuando los trabajadores piden más, lo que en el fondo de sus corazones desean es que se les reconozca su dignidad. La dignidad es el bien más preciado de todo ser humano. Debemos, por lo tanto, procurar que las personas tengan la cantidad de bienes que requieren su dignidad y su derecho a vivir una vida familiar decente.

La solución que al respecto ofrecen los comunistas es intentar que todos tengan acceso a los bienes que necesitan, pero sin dar a las personas la dignidad que se merecen. Por ejemplo, pretenden disolver la familia, pues para ellos la familia sólo sirve para procrear niños en beneficio del Estado. Por lo tanto, la educación de los niños corresponde al Estado.

¿Por dónde debemos empezar? Por nuestro propio lugar de trabajo, por respetar a nuestros empleados y compañeros, por:

1) respetar su dignidad y
2) respetar su libertad.

Si ayudo a un trabajador, mi motivación no debiera ser el ganar ascendiente sobre él sino demostrarle mi respeto por su dignidad. Un trabajador sencillo puede tener más dignidad y ser más valioso como persona que un millonario. (No es raro que una persona pobre no aprecie la ayuda económica que recibe, sin embargo, siempre agradecerá el que le demuestren respeto). Y el respeto a la dignidad y nobleza de las personas implica respeto por su libertad, pues ésta es esencial a la dignidad del hombre. Estos valores son muy importantes y es muy difícil lograrlos en el mundo moderno, porque hemos olvidado lo que significa el respeto. Todo se mide en términos de dinero: lo que genera dinero es bueno; y si produce mucho dinero, entonces es muy bueno.

Toda persona tiene dos derechos fundamentales: 1) el derecho a obtener bienes materiales adecuados a sus necesidades y 2) el derecho a tener lo necesario para educar a una familia y llevar una vida decente. Nuestra respuesta al problema de la justicia social no se basa en lo económico sino en la dignidad del individuo.

II. Falsas visiones del hombre en los tiempos modernos

Según una visión moderna del hombre, toda sociedad humana es una gran máquina y cada persona es una pieza de esa máquina. De acuerdo a esta lógica, tan pronto esa pieza deja de funcionar, debe ser desechada y reemplazada por otra mejor. Esta concepción del hombre carece de respeto por la dignidad de la persona humana; sólo demuestra respeto por su valor económico y capacidad para generar dinero. El trabajador vende su trabajo al dueño del capital porque necesita dinero; por lo tanto, ese hombre siente que es valioso sólo mientras pueda trabajar y ser productivo.

Si miramos la historia, podremos constatar cuánto ha cambiado la forma de concebir al ser humano en los últimos 400 ó 500 años. En la Edad Media, las personas se consideraban creadas a imagen de Dios. Creían que dependían de Dios y sentían que Dios y el hombre se pertenecían mutuamente. (....)

Desde el siglo XVI, se ha dado una tendencia a eliminar estas creencias y a ver al hombre separado de Dios. Se situó al hombre al centro del universo y a Dios se le fue empujando poco a poco hacia la periferia. Pero como el hombre no puede existir sin Dios, buscó un sustituto y lo encontró en sí mismo: empezó a considerarse su propio Dios.

[1. Racionalismo: lo que importa es lo que yo sé]. Con el racionalismo y el intelectualismo se empezó a venerar al hombre como si fuera Dios. De acuerdo a este pensamiento, la suprema existencia es la del hombre [racional] separado de Dios y del corazón humano. Para los racionalistas, el hombre es lo que piensa. Éste era el pensamiento que prevalecía en mi juventud, cuando la gente vivía como si sólo importara el intelecto, y dejaba de lado a Dios y a su propio corazón.

[2. Irracionalismo: lo que importa son mis instintos]. Cuando sacamos algo del contexto orgánico en el que Dios lo situó, se empieza a quebrantar, y así, al racionalismo [siguió] el irracionalismo que se extendió por el mundo, como podemos ver en el caso de Hitler y en el comunismo. Su objeto de adoración es *la naturaleza inferior del hombre.* (....)

[3. Sensualismo: Lo que importa es lo que siento]. Después vino el sensualismo (....) que desconecta el corazón del pensamiento, y a ambos de Dios.

[4. Vitalismo: Lo que importa es lo que vivo]. Luego, una nueva caída a los aspectos inferiores de nuestra naturaleza: el vitalismo. Aquí el instinto es la regla suprema; no se toma en cuenta ni el corazón, ni la razón ni a Dios. Los hombres modernos necesitan un «látigo» para mante-

ner enjaulado a este animal salvaje. Pero después de adorar a todos los sustitutos de Dios imaginables, van quedando más y más desilusionados. Al vitalismo sigue el deseo sexual desbocado. Pero, aunque este sexualismo haya sido denunciado y reprobado, el hombre moderno no logra encontrar su camino de regreso a Dios.

[5. Materialismo: lo que importa es la realidad material] En su búsqueda de un nuevo sustituto, el hombre ha vuelto a venerar la realidad material. Con el siglo XIX llegó el triunfo de la máquina, y entonces los hombres empezaron a ver en ellas a su Dios. Las máquinas, que nosotros mismos inventamos, incluso han adquirido un áurea de omnipotencia en la era de la tecnología. La sociedad humana se concibe como una gran máquina, y por eso cuando preguntamos «¿qué es el hombre?» [se piensa en él como en una máquina].

- El hombre es originalmente una imagen de Dios, pero
- los intelectuales dicen que el hombre es solo una idea;
- el sensualismo dice que es sólo sentimiento;
- el vitalismo, que es sólo un amasijo de instintos y pasiones;
- la era de la máquina, que es sólo materia;
- la era industrial, que no es nada más que una máquina.

El mundo necesita encontrar el camino de regreso a Dios porque si no lo hace, se desintegrará (...). Por eso debemos volver a esa lúcida visión del hombre que nos muestra que *es imagen de Dios,* que pertenece a Dios y que *todo lo que el hombre tiene pertenece a Dios:* su corazón, sus sentidos, sus instintos, sus máquinas. También su personalidad, como un todo, debe reestablecer la armonía entre las partes que la componen. Éste es el ideal.

III. Algunos aspectos de un orden social justo

Debemos redescubrir nuestra dignidad y nobleza. Si captamos lo que esto significa, nos daremos cuenta de que todo individuo tiene derecho a poseer bienes materiales y a llevar una vida familiar decente.

El éxito del comunismo se debe a que promete riquezas a los desposeídos. Y en África, Asia y América hay millones de personas que viven en situación de extrema pobreza. Millones de personas caen víctimas de esta doctrina pues creen que si tienen lo suficiente para comer, lo tendrán todo.

Por nuestra parte, tenemos la obligación de preocuparnos de encontrar soluciones justas y eficaces al problema social. Y si pensamos con calma y claridad en cuál debiera ser nuestra posición frente a este tema, veremos que la respuesta está en el *solidarismo personalizado (o personalismo solidario).* El solidarismo no implica igualdad matemática entre todos los miembros que componen una sociedad, pues así como cada miembro de nuestro cuerpo tiene una función específica, lo mismo sucede con las personas que componen una sociedad: no todos cumplen la misma función ni tienen igual cantidad de bienes, pero todos tienen igual dignidad. El esposo y la esposa, por ejemplo, tienen misiones distintas, pero la misma dignidad.

Si bien es cierto que no todos podrán poseer la misma cantidad de bienes, todos debieran poseer al menos lo suficiente para vivir dignamente, pues ante los ojos de Dios todos tenemos la misma dignidad. Algunas personas pretenden promover la igualdad entre los hombres, pero lo que tienen en mente es la igualdad económica, no la dignidad de la persona humana. Nosotros debiéramos hacer lo posible para que los empleadores tomen conciencia de la dignidad y nobleza inherentes a todo ser humano y, por lo tanto, de su derecho a un salario justo. Como vemos, la respuesta al problema social no consiste sólo en entregar más dinero.

Por años, el catolicismo ha enfatizado el derecho a la propiedad privada, y esto se ha interpretado como el derecho a que cada cual haga lo que quiera con su dinero. Pero no es así; junto al derecho a la propiedad, existe la obligación social. El que la propiedad sea privada no exime a las personas de sus obligaciones frente a los demás, frente a los necesitados. Incluso, el Estado tiene derecho a distribuir los bienes de la sociedad en forma más equitativa: a quitar dinero a los ricos para darlo a los pobres, si aquéllos no cumplen con sus deberes sociales.

El comunismo, por otra parte, tiene elementos perversos pues promete falsas soluciones a los problemas sociales. Por eso, como católicos, es nuestro deber encontrar respuestas a los problemas que aquejan a la sociedad. No basta con ir a misa y con rezar; también tenemos otras obligaciones como, por ejemplo, preguntarnos cuál es, en justicia, la parte de las ganancias de una empresa que corresponde a los trabajadores. Hoy día hay millones de personas en Europa Oriental que adoran el evangelio de Marx porque, si bien a ellos no les preocupa el cielo, nosotros, los cristianos, descuidamos las realidades de esta tierra. Y en esto a nosotros nos cabe gran parte de la culpa. ¡Tenemos la obligación de despertar a millones de personas de este letargo! A los católicos se nos culpa de identificarnos demasiado con el sistema capitalista. En efecto, la Iglesia debiera asumir una nueva postura y efectuar cambios en el orden establecido.

Capítulo 10

LA ORACIÓN
Y EL SANTO DE LA VIDA DIARIA

El siguiente texto proviene de un retiro sobre «la santidad sacerdotal de la vida diaria» que dio el P. Kentenich en 1932 a los sacerdotes de Schoenstatt[1]. Aquí el P. Kentenich reflexiona sobre la oración y su importancia para el santo de la vida diaria. A pesar de que algunos conceptos se aplican sólo a los sacerdotes (como el rezo de La Liturgia de las Horas), la mayor parte se aplica a la santidad de la vida diaria de cualquier católico.

---

1   J. Kentenich, *Retiro para sacerdotes de Schoenstatt,* en Schoenstatt, Alemania, agosto de 1932, *Priesterliche Werktagsheiligkeit,* transcripción privada mimeografiada de uno de los participantes del retiro, p. 36-41, énfasis agregado.

I.   El santo de la vida diaria ama la oración

El sacerdote que aspira a la santidad de la vida diaria *ama* la oración; y porque se esfuerza en lograr la santidad, tiene una especial disposición a orar. Después de todo, la oración y el espíritu de oración son la regla de oro de la vida espiritual. El que sabe rezar bien, sabe vivir bien.

¿Por qué el sacerdote santo de la vida diaria ama la oración?

a. Porque la considera necesaria.

b. Porque la considera beneficiosa.

1. La oración es necesaria

La oración es necesaria porque a través de ella recibimos la gracia actual, y sin la gracia de Dios no podemos alcanzar la vida divina ni menos la madurez perfecta. Ésta es una verdad dogmática. Debemos ser justificados y crecer por medio de la fe. Al mismo tiempo, la teología dogmática nos enseña que el don inicial de la gracia actual no depende de nuestras acciones. Otras gracias, sin embargo, normalmente se alcanzan por medio de la oración. Recuerden las palabras de nuestro Señor: «Pidan y recibirán» (Mt 7,7). Incluso, algunos expertos en estudios bíblicos afirman que si uno nada pide, nada recibe; y si no busca, no encuentra. Recordemos también las palabras de Jesús: «Vigilen y oren» (Mt. 26,26-41). Por su parte, santo Tomás afirma que quien espera recibir la gracia de Dios sin orar, comete el pecado de arrogancia. Dios no está obligado a darnos sus gracias actuales si no se las pedimos. Por supuesto que él puede regalárnoslas aunque no se las pidamos, pero cuando no lo hace es porque quiere acrecentar en nosotros el espíritu de confianza y dependencia filial.

La tradición confirma lo que dicen las Escrituras respecto de nuestra necesidad de orar y de recibir la gracia de Dios. San Agustín decía: «Haz lo que puedas, y luego pide a Dios lo que no puedas».[2] El Concilio de Trento y el Catecismo Romano hicieron suyas estas palabras. Debemos convertirnos en maestros de la oración. Todos nos hemos sentido alguna vez cansados, sin ánimo, incluso los jóvenes, y por eso sabemos que nuestra naturaleza puede perder la motivación y rebelarse. ¿Y saben por qué no logramos dominar nuestra naturaleza rebelde? Porque, a la larga, no es posible dominar nuestros instintos a menos que nos hagamos maestros de la oración. Sólo la oración puede reanimar nuestra naturaleza fatigada (....). Si no tomamos en serio las palabras de san Agustín citadas anteriormente, no lograremos vencer nuestra naturaleza caída. En los momentos de desánimo y sequedad debemos pedir a Dios que nos una más a él, que penetre más hondamente en nuestro corazón y en nuestra voluntad.

Los más jóvenes, los que van alegremente por la vida [enfrentando los obstáculos con el espontáneo vigor de la juventud], no tienen plena conciencia de cuán indispensable es la oración. Y no sólo para nuestra propia vida, también en nuestro apostolado: no puedo forzar la fe en los demás; por lo tanto, si no soy maestro de la oración es muy poco lo que lograré; mi actividad apostólica no producirá frutos.

---

2 San Agustín de Hipona (354-440), «Dios no exige lo imposible; cuando ordena, está pidiendo que hagas lo que puedas y que reces por lo que no puedes, y te ayuda a lograrlo.»

Quiero hacer todo lo que pueda. Pero hay límites. Y si aún estoy muy lejos de mi objetivo, ello se debe a que no cultivo suficientemente el espíritu de oración; a que no vuelo más a menudo a refugiarme en el corazón de Dios. El sacerdote que aspira a la santidad de la vida diaria ama la oración pues sabe cuánto la necesita.

2. La oración es beneficiosa

El santo de la vida diaria también ama la oración pues sabe que es *beneficiosa*. Anteriormente, vimos la oración desde el punto de vista sobrenatural; ahora veremos su aspecto más natural.

Uno de los beneficios de la oración es que nos libera de lo puramente terreno (....). Eleva y libera nuestro ser, uniéndonos a Dios. Pero no basta rezar sólo con los labios; el alma que trata de extender sus alas y emprender el vuelo alcanzará un mejor conocimiento de Dios y de sí misma. Dios nos atrae hacia él con su amor y, al hacerlo, acrecienta nuestra *libertad frente a las cosas terrenas*.

La oración también tiene el *poder de unirnos a Dios*, de unir todas nuestras facultades a Dios: la imaginación, el corazón, etc. Si consideramos la oración en el espíritu de la santidad de la vida diaria, veremos que por medio de ella recibimos las virtudes teologales (fe, esperanza y caridad). Sólo entonces alcanzamos una auténtica unión con Dios. El Dios Trino se une a nosotros en la intimidad de nuestras almas, y el alma es transformada hasta llegar a *asemejarse a Dios*. «Dime con quién andas y te diré quién eres...», reza un dicho popular, y lo que es cierto en el plano natural lo es con mayor razón en el plano sobrenatural.

Todo esto nos muestra la inmensa profundidad y fuerza de la oración. Por eso conviene preguntarnos qué importancia ha tenido la oración en mi propia vida. Y si mi vinculación con Dios se ha vuelto débil y mi preocupación por las personas ha perdido su vigor, veremos que siempre se debe a que no me he convertido en maestro de la oración. El que reza jamás se perderá. Por el contrario, y como afirman los santos, quien no reza se ha condenado a sí mismo de antemano.

II. La práctica de la oración

El sacerdote que aspira a la santidad de la vida diaria practica la oración. Me refiero tanto a las distintas *clases* de oración como al *espíritu* de oración. A continuación veremos las distintas clases de oración y cómo el santo de la vida diaria no sólo las practica sino que también se preocupa de salvaguardar su calidad. (....)

1. Distintas clases de oración

Cuando se habla de oración suele distinguirse entre espíritu y forma; entre el espíritu de oración y las clases de oración. El propósito de las distintas clases de oración es cultivar una actitud de oración, es decir, *la vinculación personal del alma con Dios*.

2. La oración y los desafíos del mundo moderno

Detengámonos un momento y situemos este pensamiento en su contexto más amplio; recordemos la gran tragedia que vive el sacerdote moderno.[3] Vivir ya no significa *yo*

---

3   Literalmente: «en la gran ciudad», en la cual el estallido de los «trágicos» rasgos de la vida moderna (por ej. el hombre masa) podían apreciarse mejor en los años 1930.

vivo sino «soy vivido». Nos hemos transformado en víctimas, aunque involuntarias, del ambiente que nos rodea. Por esto nos cuesta tanto afirmar nuestra originalidad, incluso en lo que se refiere a nuestros propios gustos y pensamientos. Tendemos a dejarnos llevar por la moda, por lo que piensa y por los gustos de la mayoría.

Sólo estando profundamente unido a Dios logro dominar la vida, pues entonces la enfoco desde la perspectiva del mundo sobrenatural. Sólo entonces puedo asumir el control de mi vida tanto en el plano personal como en mi relación con los demás. Observen cómo es realmente la vida actual y verán que éstas no son tan sólo palabras pías.

Esta realidad da un sentido totalmente nuevo a nuestra lucha diaria por conquistar una actitud de oración. El objetivo de toda educación en la oración y de todas las clases de oración es precisamente conquistar esta actitud de oración. En este sentido, nos exigimos poco, hacemos muchas concesiones en nuestro diario vivir: «Tengo mucho trabajo… Necesito descansar… Se me olvidó…» Esta actitud permite que el desorden profundamente arraigado en nuestra naturaleza surja y se imponga en nuestras vidas. ¡Cuánto mejor sería decirnos: «Como no puedo atender las necesidades de todos los que me rodean, al menos aseguraré una relación: mi relación con Dios!» Esto nos permitiría establecer prioridades; *el trabajo no nos alejaría de Dios, por el contrario, nos acercaría, nos uniría más a él.*

En teoría todos estamos de acuerdo en que deseamos vivir unidos a Dios; éste es un profundo anhelo del corazón, aunque no siempre lo expresemos en voz alta.

3. Tiempos de oración a lo largo del día

Para transformarnos en maestros de la oración debemos familiarizarnos con las distintas clases de oración que se rezan a lo largo de la vida diaria. El santo de la vida diaria sabe que es imposible adquirir el espíritu, o actitud permanente de oración, si no dedica determinados momentos del día exclusivamente a orar. Es decir, necesitamos *momentos de concentrada entrega a Dios* (....) Esta oración pude ser oral o mental.

¿Cómo podemos organizar las distintas clases de oración a lo largo del día? En tres categorías fundamentales: oraciones de la mañana, del día y de la noche.

3.1. Oraciones de la mañana

Meditación de la mañana, oración de la mañana y la santa misa.[4] Aquellos de ustedes que además practican otras formas personales de oración, pueden renovar su ideal personal y el examen particular. Son parte de las oraciones de la mañana. También quisiera recordarles, sin abundar en detalles, la importancia de traducir las conclusiones que saquen (de este retiro) al lenguaje de su ideal personal. Así podrán asegurar los frutos del retiro para todo el año.

• *Meditación de la mañana*

En este momento meditamos sobre nuestro ideal de vida. Sea cual sea el método que usemos, siempre debemos meditar acerca de nuestro ideal sacerdotal con seriedad y constancia, profundamente y con el corazón. Incluso si todo lo que hacemos es unir nuestro ser y nuestros pensamientos

---

4   Estas clases de oración eran obligatorias para todos los sacerdotes en ese tiempo.

a Cristo, entregándole toda nuestra vida, habremos hecho buen uso de este tiempo de meditación al renovar el compromiso con nuestro ideal. Si olvidamos nuestro ideal, corremos el peligro de caer en alguna forma de idolatría. El resultado es la inseguridad. Por eso, meditar sobre nuestro ideal es extremadamente importante para nosotros, los sacerdotes modernos, cuyas vidas son tan solitarias incluso en el aspecto espiritual.

• *La santa misa*

¿Cómo relacionamos la meditación de la mañana con la misa? En primer lugar, la misa amplía los horizontes de nuestro ideal. La liturgia de la Palabra y la liturgia de la eucaristía ponen ante nosotros una vez más nuestro ideal sacerdotal. No obstante, más que inspirar ideas, la santa misa debiera despertar en nosotros un movimiento de vida para las próximas 24 horas. La liturgia de la eucaristía debiera transformar nuestra vida y hacer realidad en nosotros lo que percibimos en la meditación del día y en la liturgia de la Palabra.

En las oraciones de la mañana concentramos la entrega a Dios de todo nuestro ser.

3.2. Oraciones durante el día

Nuestro objetivo es no pasar más de unas pocas horas seguidas sin rezar. Después de todo, lo que buscamos es estar permanentemente unidos a Dios. No obstante, como el santo de la vida diaria no vive con la cabeza en las nubes, sabe que necesita distribuir los momentos de oración a lo largo del día. Por eso, establece un horario equilibrado para sus visitas al Santísimo Sacramento, el rezo de la Liturgia de las Horas y las lecturas espirituales. Pero esto no le basta, y como quiere usar todos los medios a su disposición para lograr una total unión con Dios, también se educa para iniciar todas sus actividades con algo que le recuerde que es miembro de Cristo. Esto es lo que llamamos buena intención; en este caso el término se ha tomado en su sentido más amplio. Ciertamente, el santo de la vida diaria sabe cuán vagas pueden ser sus intenciones y, por eso, trata de asumir las mismas actitudes de Cristo, para así dar gloria a Dios. Aprende a intercalar momentos cortos de oración durante las ocupaciones que le demandan mucho tiempo.

Éstas son las clases de oración que se practican durante el día. Deliberadamente menciono las visitas al Santísimo Sacramento porque quiero enfatizar las prácticas que están más a nuestro alcance. No debiéramos subestimar estas tradiciones, pues ellas han sustentado a los santos de la vida diaria a través de los siglos. «¡Recuerden, santificar el *día de trabajo!*»

3.3. Oraciones de la noche

No necesito detenerme en las oraciones de la noche: todo sacerdote sabe rezarlas.[5] Cuando al final del día estamos exhaustos, lo único que queremos es rezar La Liturgia de las Horas lo más rápidamente posible para irnos a la cama. Al mencionar las oraciones de la noche, me refiero especialmente al examen de conciencia como confesión espiritual. El santo de la vida diaria sabe cuán fácilmente se pueden despertar nuestras pasiones en la vida diaria. Existe el peligro de ceder a los arrebatos de ira, a los impulsos impuros. También

---

5   Y no solamente la Oración Litúrgica de la Noche o Ritual.

sabe la importancia de ser honesto consigo mismo, por eso pide: «Permíteme conocerte a ti y a mí mismo». Sabe que, en último término, el conocimiento de sí mismo se conecta con el conocimiento de Dios. Mientras más nos conocemos, más recurrimos a Dios.

III. Importancia de las distintas clases de oración

Hasta aquí he mencionado, en esencia, los distintos tipos de oración que debemos cultivar. También quiero mostrarles hasta qué punto el sacerdote que aspira a la santidad de la vida diaria aprecia estas distintas clases de oración. Él sabe que si no dedica determinados momentos del día a la oración, corre el peligro de perder la gracia de la perseverancia y la santidad. Puede que en determinadas circunstancias esto no sea tan urgente, como sería el caso de una persona que vive en un ambiente religioso estructurado. Pero nosotros tenemos que vivir en el mundo, y les recuerdo que, en nuestro trabajo, nos vemos enfrentados a numerosas tentaciones y problemas. Piensen en todas las dificultades que debemos superar, en la influencia que en nosotros puede ejercer el ambiente del mundo en que nos toca vivir. Y debemos participar en esa vida. Si no nos educamos conscientemente en el cumplimiento fiel de estos momentos de concentrada entrega a Dios, no seremos capaces de resistir las tentaciones, de evitar pecados serios ni de mantener la gracia de la perseverancia.

El santo de la vida diaria conoce estas verdades, y es por eso que, incluso en medio del trabajo, encuentra tiempo para Dios. Muchos imitan las obras externas de los santos, pero si no los imitamos en su fidelidad inquebrantable a Dios, nuestro esfuerzo por la santidad resulta bastante dudoso y difícilmente dará frutos. El día de la tentación llegará y entonces nos tambalearemos al borde del desastre. ¿Qué debemos hacer nosotros, sacerdotes modernos, para evitar estas caídas? Nuestra mente debe estar siempre iluminada por la luz de Dios y nuestra voluntad, en permanente contacto con Dios. Tal vez algunos de ustedes piensen que la misa y el rosario bastan para protegernos. ¿Realmente creen que sólo la misa y la Liturgia de las Horas les darán tanto apoyo? Creo no estar equivocado al afirmar que para que la misa y la Liturgia de las Horas rindan frutos debemos tener momentos adicionales de oración. Las ideas no son suficientes. La voluntad debe ser activada, y no me será posible lograrlo a menos que reserve momentos de concentrada dedicación a Dios durante el día.

Para nosotros, los sacerdotes seculares, esto significa que si no trabajamos constantemente nuestra vinculación con Dios, vivimos en constante peligro de condenarnos eternamente. Más aún si tenemos responsabilidades que, en su carácter, no son directamente sacerdotales. ¿Piensan que las caídas se producen de un día para otro? Los insto a revisar su vida desde este punto de vista. No me corresponde indicarles cuánto deben rezar; esto lo deben determinar por sí mismos. (....)

En síntesis: el sacerdote que aspira a la santidad de la vida diaria aprecia las distintas clases de oración. No queremos transformarnos en esclavos de las formas; lo importante es la actitud de oración. Pero debemos asegurar esta actitud mediante formas definidas. Todos tenemos tendencia a sobrevalorar la actitud o espíritu en oposición a la forma. El espíritu se expresa en determinadas formas, anima esas formas y las conquista. Si fuésemos totalmente maduros, ciertamente sabríamos qué elegir.

IV. Asegurar la calidad y cantidad de la oración

El sacerdote que aspira a la santidad de la vida diaria asegura la *calidad* de las distintas clases de oración. Hace un serio esfuerzo por practicar las formas individuales de oración tan perfectamente como sea posible. Pienso que aquellos de ustedes que usarán el contenido de este retiro como materia para su trabajo espiritual del año que viene, podrían preguntarse: ¿Cuándo es perfecta mi meditación? ¿Cuándo es perfecta mi misa? Debemos hacer un esfuerzo para asegurarnos que las formas de oración sean cualitativamente significativas para nosotros. Todo trabajo del sacerdote que aspira a la santidad de la vida diaria debe llevar el sello de la perfección.

En cuanto a la meditación: ¿Por qué nos cuesta tanto meditar con sencillez? Puede que esto se deba a que no estamos verdaderamente familiarizados con la verdadera oración. La verdadera oración no consiste en un extenuante ejercicio mental; lo más importante es la entrega de la voluntad y el corazón a Dios. Otra razón es la falta de magnanimidad: a menudo tendemos a buscar el consuelo de Dios y no al Dios del consuelo. Y si no experimentamos ese consuelo, pensamos que nuestra oración ha sido una pérdida de tiempo. También puede deberse a que no practicamos la preparación remota[6].

---

6   La típica preparación remota para una meditación de la mañana consiste en dedicar un momento, la noche anterior, a determinar la hora, el lugar y el tema principal (una palabra central, una imagen central) de la meditación.

En la oración debiéramos anticipar nuestra vida; y en la vida práctica, llevar a efecto nuestra oración. Para lograrlo, debo procurarme la suficiente libertad [para rezar] durante el día; preparar mis sentidos y tener una actitud humilde frente a Dios. Sin esto, lograr una buena meditación sería un milagro. Sólo cuando nuestros corazones se aquietan, logran asimilar las impresiones que han acumulado. Y si nos cuesta estar a solas con Dios, es porque vivimos sobreestimulados, porque recibimos demasiados estímulos malsanos. Una vez más: el sacerdote que aspira a la santidad de la vida diaria protege la calidad de las distintas clases de oración.

También asegura su *cantidad*. El sacerdote que aspira a la santidad de la vida diaria, establece determinados tiempos de oración y es fiel a ellos; y, para asegurarse, los anota en su horario espiritual. Muchas personas se examinan sobre este punto, incluso por escrito. Debo ser fiel a mi horario espiritual, pero sin olvidar que hay que cumplir estos propósitos con amor y por amor.

Para no vivir en las nubes, hay que tomar conciencia de todas estas cosas. Los que llevan un horario espiritual están menos expuestos al pecado gracias a la disciplina que deben imponerse para cumplirlo. El horario espiritual también nos ayuda a rectificar cada vez más nuestras inclinaciones. Si bien es cierto que las personas que mantienen un horario espiritual trabajan más, ello no significa una exigencia excesiva porque, a pesar de nuestro trabajo, nos queda bastante tiempo libre durante el día. Además, cuando mantengo un orden en mi vida, trabajo mejor y sé que he asegurado un tiempo para vincularme con Dios; la disciplina también aumenta mi energía moral. ¡Qué increíble vitalidad da el horario espiritual! Al recordar a los hombres de la Edad Media nos sorprende pensar en cuántos libros escribieron, y ello se debe a que sus vidas tenían un orden dado. Por supuesto, no queremos ser esclavos de las formas y, por eso, cuando hay una causa razonable, puedo tranquilamente no rezar alguna oración. Pero, como decía san Francisco de Sales: si puedo, mañana retomaré mi horario. No queremos dejar las riendas demasiado sueltas.

INDICE GENERAL

Observaciones generales — 7

Meditación sobre Nazaret — 9

Introducción — 11

1. ¿Qué es la santidad? — 11

2. Santidad cotidiana y dilema moderno — 12

3. El desafío de reincorporar a Dios a nuestra vida cotidiana — 13

4. La santidad de la vida diaria y los orígenes de Schoenstatt — 15

5. La santidad de la vida diaria en el contexto de Schoenstatt — 18

6. Definiciones de santidad de la vida diaria — 20

7. Acerca de este libro — 24

PRIMERA PARTE
Santidad de la vida diaria

Introducción — 29

CAPÍTULO 1
¿Qué es la santidad de la vida diaria? — 31

I. Definición — 32

II. Por qué la santidad de la vida diaria se hace tan urgente en los tiempos actuales — 34

1. La importancia de modelos cristianos — 34

2. El justo equilibrio entre la actividad de Dios y la nuestra — 35

3. Adecuada relación con la liturgia y el Cuerpo Místico — 36

4. Principales obstáculos: el naturalismo y el colectivismo — 37

III. Tres aspectos principales de la santidad de la
     vida diaria ——————————————————— 39

CAPÍTULO 2
Vinculación a Dios ————————————————— 41

  I.   Características de la vinculación a Dios ———— 43
       1. Agradable a Dios (o magnánima) ————— 43
       2. Armoniosa ———————————————— 44
       3. Hondamente afectiva —————————— 46
       4. En todas las circunstancias de la vida (constante) —— 48
  II. Formas de cultivar la vinculación con Dios ——— 49
       1. Cultivar la conciencia del amor de Dios por mí —— 49
       2. Cultivar de la conciencia de ser hijos de Dios —— 50
       3. Los sacramentos, especialmente la misa diaria —— 52
       4. Anhelos de perfección inspirados por un heroísmo
          de la vida diaria ———————————— 55
       5. La oración ——————————————— 58
          5.1. ¿Qué es la oración? ————————— 59
          5.2. El valor de la oración ————————— 60
          5.3. Oración y trabajo —————————— 62
       6. Negación de sí mismo ——————————— 63
          6.1. No hay auténtica vida cristiana sin la negación
               de sí mismo —————————————— 64
          6.2. El hombre moderno no valora la negación
               de sí mismo —————————————— 64
          6.3. Importancia de la negación de sí mismo ——— 67
          6.4. Negación de sí mismo y armonía interior —— 68

CAPÍTULO 3
Vinculación al quehacer diario ————————— 71

  I.   Características y cualidades generales de la
       vinculación al quehacer diario ———————— 73
       1. Vinculación armoniosa ————————— 74
       2. Agradable a Dios, constante, hondamente afectiva —— 76
  II. Las tres dimensiones de la vinculación
       al quehacer diario ————————————— 77
       1. Vinculación al trabajo ————————— 77

1.1. Naturaleza del trabajo — 78

    1.1.1. El trabajo tiene sus raíces en el Paraíso — 78

    1.1.2. El trabajo y la felicidad del cielo — 80

    1.1.3. Definición y significado del trabajo — 81

1.2. Los problemas del trabajo en el mundo moderno — 83

    1.2.1. Necesidad de rescatar el verdadero sentido del trabajo — 83

    1.2.2. Medios naturales — 84

    1.2.3. Medios sobrenaturales — 85

2. Vinculación a las cosas — 86

2.1. Vinculación profética a las cosas — 87

2.2. Vinculación sacerdotal a las cosas — 89

2.3. Vinculación heroica a las cosas — 90

    2.3.1. Actitud ante la riqueza — 92

    2.3.2. Actitud ante la pobreza — 94

    2.3.3. Actitud ante el trabajo y ante el desempleo — 96

    2.3.4. Actitud ante la injusticia social — 97

3. Vinculación al sufrimiento — 97

3.1. La vida cristiana es inseparable de la cruz — 98

3.2. El sufrimiento en nuestro tiempo y sus desafíos — 99

3.3. Tipos de sufrimientos — 100

3.4. Efecto del sufrimiento en nuestro crecimiento espiritual — 100

3.5. El sufrimiento y el amor — 102

3.6. El libro del sufrimiento — 103

CAPÍTULO 4
Vinculación al prójimo — 105

I. El sello de los discípulos de Cristo — 106

II. El mandamiento nuevo: ámense unos a otros — 107

1. Amor natural — 108

1.1. Amor primitivo — 109

1.2. Amor estrecho — 110

1.3. Amor egoísta — 111

2. Amor racional — 116

3. Amor sobrenatural — 118

3.1. Un cristiano ama todo sin excepción — 119

3.2. La excelencia del amor cristiano al prójimo ———— 120

3.3. La motivación del amor cristiano al prójimo ———— 121

    3.3.1. La fuente del amor ———— 121

    3.3.2. Los efectos del amor ———— 124

       a. El amor vence el pecado ———— 125

       b. El amor protege contra la antipatía,
       la envidia y los celos ———— 125

       c. Las pequeñas virtudes ———— 128

       d. Celo apostólico ———— 130

         • *Apostolado de la palabra* ———— 131

         • *Apostolado de la vida* ———— 131

         • *Apostolado de la oración y del sacrificio* ———— 132

Conclusión ———— 134

SEGUNDA PARTE
Santidad mariana de la vida diaria

CAPÍTULO 5
Santidad y heroísmo de la vida diaria ———— 137

I.   Santidad de la vida diaria: llamado a la vida heroica ———— 139

II. Debemos tomar en serio lo que ya sabemos ———— 140

III. Tomar el serio los desafíos que Dios me envía hoy ———— 143

   1. ¿Qué es la santidad de la vida diaria? ———— 147

     1.1. Fuerza moral heroica ———— 150

     1.2. La santa misa como fuente de fuerza moral heroica ———— 152

   2. ¿Por qué debemos esforzarnos por ser santos de
     la vida diaria? ———— 156

     2.1. Responde a los deseos y anhelos más profundos
       del corazón ———— 157

     2.2. Responde a los anhelos más profundos de
       la Familia ———— 159

     2.3. Responde a los anhelos más profundos de
       la Iglesia ———— 160

     2.4. Responde a los anhelos más profundos
       del mundo ———— 162

CAPÍTULO 6
Santidad mariana ———— 165

I. ¿Cómo podemos llegar a ser santos de la vida diaria?— 166

   1. Las herramientas de nuestra espiritualidad — 166

   2. Una devoción mariana sencilla y profunda — 167

     2.1. Santidad femenina de la vida diaria — 169

     2.2. Rasgos generales de la imagen de María — 171

     2.3. Un cuadro más detallado de la imagen de María — 175

       2.3.1. La dignidad de la mujer en general — 176

         • *En la Madre de Dios* — 176

         • *En la virginidad* — 176

         • *En el matrimonio* — 177

         • *Como garantía de la moral* — 178

       2.3.2. La filialidad, un camino hacia la imagen de María — 180

         • *Nadar en el océano de la misericordia de Dios* — 181

         • *Nadar en el océano de nuestra necesidad de misericordia* — 183

         • *La importancia de nadar en la alegría filial* — 185

   Conclusión — 186

TERCERA PARTE
Textos complementarios

Introducción — 191

CAPÍTULO 7
Carencia de raíces del trabajador moderno — 193

   I. pérdida de la dignidad del trabajador — 195

   II. Pérdida de la vocación profesional — 195

   III. Pérdida del hogar — 196

   IV. Falta de medios materiales — 200

   V. Falta de trabajo — 201

   VI. Falta de esperanza — 202

CAPÍTULO 8
Trabajo y santidad en el mundo — 203

   I. Santidad en el mundo — 204

   II. La esencia de la santidad — 206

III. Relacionar todo con Dios	207
IV. Claves para santificar y elevar el trabajo	208
1. Creatividad	209
2. Comunicación de sí mismo (dar alma)	210
V. Resumen y aplicaciones	211
VI. Conclusiones: El ermitaño y la sirviente	213

CAPÍTULO 9
Justicia social — 215

I. Clave de la justicia social: la persona humana	216
II. Falsas visiones del hombre en los tiempos modernos	218
III. Algunos aspectos de un orden social justo	221

CAPÍTULO 10
La oración y el santo de la vida diaria — 225

I. El santo de la vida diaria ama la oración	226
1. La oración es necesaria	226
2. La oración es beneficiosa	228
II. La práctica de la oración	229
1. Distintas clases de oración	229
2. La oración y los desafíos del mundo moderno	229
3. Tiempos de oración a lo largo del día	231
3.1. Oraciones de la mañana	231
• Meditación de la mañana	231
• La santa misa	232
3.2. Oraciones durante el día	232
3.3. Oraciones de la noche	233
III. Importancia de las distintas clases de oración	234
IV. Asegurar la calidad y cantidad de la oración	236

 El padre **José Kentenich** (1885-1968). Fundador de la Obra de Schoenstatt. Su proceso de beatificación fue iniciado oficialmente el Año Santo 1975, en la diócesis de Tréveris, en Alemania Occidental.

Característico de su persona es un carisma de paternidad sacerdotal, fruto de una profunda vinculación filial a la Santísima Virgen, en cuyas manos fue un instrumento fiel.

Padre y educador en la fe, se empeñó por formar un nuevo tipo de hombre y de comunidad cristianos, como respuesta al desafío colectivista de esta nueva época de la historia.

Profeta del Dios vivo, buscó incansablemente la voluntad de Dios en la creación, en los hombres y en los acontecimientos, siguiendo con audacia los caminos que le señaló la Providencia.

Hijo de la Iglesia, luchó y sufrió por su renovación, ofreciéndole su Obra como respuesta anticipada a las iniciativas del Concilio Vaticano II. Las palabras esculpidas sobre su tumba sintetizan su testimonio: *«Amó a la Iglesia»*. Así fue fermento para una nueva humanidad.

Para conocer más sobre el P. Kentenich:

Leer del P. Hernán Alessandri M. y el P. Juan Pablo Catoggio: *«La Historia del Padre Kentenich»*